巴山蜀水

三线建设

BASHANSHUSHUI SANXIANJIANSHE

艾新全 陈晓林◎总主编

第二辑

中国文史出版社

巴山蜀水

三线建设

BASHANSHUSHUI SANXIANJIANSHE

陈晓林◎编著·摄影

重庆市三线建设掠影 · 卷一

第二辑

中国文史出版社

总结三线建设历史经验 弘扬传承三线文化

一

习近平总书记 2018 年 2 月考察四川时指出，三线建设，使一大批当时属于顶尖的军工企业、国有企业、科研院所来到西部，这些都是我们发展的宝贵财富。

20 世纪 60 年代，我国面临严峻的国际形势，战争的危险迫在眉睫。就是在这样的时代背景下，党中央高瞻远瞩，从战备需要和国家安全与长远发展相结合，作出了以改变我国工业分布不合理状态，推动我国中西部地区经济、科技、能源、交通等国民经济全要素大开发为目的的战略性重大决策。1964 年，在"备战备荒为人民"号召下，一场史诗般波澜壮阔的"三线建设"在我国中西部全面展开。

"三线建设"极大地改变了我国生产力布局严重不均衡的状况，在我国中西部地区建立了独立的、比较完整的工业体系和国民经济体系，深刻地改变了我国中西部的落后面貌，为我国走向全面现代化、实现民族复兴的百年梦想奠定了坚实的基础。

"三线建设"从发端到调整结束，历时 40 年，为国民经济的发展和国防现代化建设作出了重要贡献，是党史、新中国史、改革开放史及社会主义发展史上的重要事件和宏伟篇章，是我们后继者弘扬三线建设精神，学习党史、国史的宝贵资源和素材。

二

多年以来，重庆地区的"三线建设"研究已经取得较好的成绩。2020 年 5 月 1 日，重庆市工程师协会三线建设文化专业委员会成立后，即与重庆中共党史学会三线建设研究分会联合开展三线建设调研活动。一年多来，重庆"三线两会"经过艰苦的调研工作，成绩斐然，取得了令人瞩目的丰硕成果。

这些成果的取得，既得益于重庆"三线两会"的亲密团结、携手奋斗，更得力于中华人民共和国国史学会三线建设研究分会（简称"国史三研会"）常务理事、重庆市工程师协会副理事长兼三线建设工业文化专业委员会会长、高级工程师陈晓林的坚持和执着。

说到陈晓林，以前我并不认识，2021年4月，他和他的团队骨干来看望我时，才和他接触。最初给我的印象是真诚、健谈、认真、执着。后来接触多了，对他践行三线建设精神非常敬佩。他在三线建设调研中从实际出发，后来居上；他重视实地考察、掌握第一手资料。到目前为止，他自出费用、交通工具，和中国"国史三研会"副会长、重庆"国史三研会"副会长艾新全及马述林、陈福正、王兆泉等同志，带领团队走访、考察、调研三线企业、科研机构、大专院校以及能源、交通等单位近1000家，写出调研专著十余本，300余万字。陈晓林白天进行走访、调研，凌晨3点起床查资料、整理调研笔记、写文章。为了出版调研成果，他拿出多年积蓄100万元作为出版基金。由于陈晓林在三线建设调研工作中积极践行初心，使重庆"三线两会"调研工作生气勃勃，成果累累。

有人问陈晓林：为什么对三线建设研究情有独钟？他的回答很简单："我父亲是抗美援朝的二等功臣，我是三线建设参与者。如果我放弃，几十年后还能有谁说得清三线建设是怎么回事？"他还说："当年毛主席和党中央部署三线建设，使落后的西部地区加快了工业建设步伐，使西部地区整整进步了50年，为中国西部地区提供了难得的发展机遇，为西部大开发奠定了坚实的基础。"他每周只在自己的公司上半天班，其余时间全部安排在对三线建设的调研和写作中，为三线建设的研究工作真正做到了呕心沥血。陈晓林不仅是三线建设的研究者，他还是三线精神的践行者、弘扬者、传播者和继承者。

三

"重庆三线两会"编辑出版的《巴山蜀水三线建设》第二辑由艾新全、陈晓林担任主编，由陈晓林编著和摄影。收录了三线建设时期重庆市所管辖的市中区、北碚区、江北区、南岸区、沙坪坝区、双桥区、九龙坡区、大渡口区、南桐矿区和江北县、长寿县、綦江县、巴县九区四县478家企业。从多维视野展现了三线建设时期原四川省重庆地区企事业单位繁荣发展过程，文图并茂真实地记录了现代工业的融入对该地区社会经济进步、工业生产发展、人民生活改善的促进和影响，见证了一个地区的时代印迹与历史变化，彰显了三线建设为中华民族的伟大复兴做出的不可磨灭的伟大贡献。

本套丛书的编辑出版，充实了三线建设研究的文化、史料及理论宝库，积累了三线建设时期各企事业单位的发展史料；用图文并茂的形式，生动地描述了当年波澜壮阔、气势恢宏的新中国建设者战天斗地、舍生忘死、不怕牺牲、艰苦创业的英雄壮举；展现了为准备打仗、加强国防建设、改变西部地区落后面貌、为国家富强、人民幸福所付出的血和汗，迎来国家和平发展的几十年的建设成果；呈现了该地区三线建设为国民经济的恢复和各项建设的展开做出了突出贡献的现场情景。

由此，我对这套丛书有以下几点认识：

一、本套丛书的编辑出版，是"重庆三线两会"贯彻落实习近平总书记关于学习"四史"的讲话精神，在"我们应该大力弘扬和平、发展、公平、正义、民主、自由的全人类共同价值，共同为建设一个更加美好的世界提供正确理念指引"精神的指导下，"重庆三线两会"发扬精诚合作的团队精神，携手协作、不怕困难、共同奋斗的结果，为总结我国三线建设的历史经验，弘扬、传承三线文化，用三线建设精神教育青少年一代提供了丰富而宝贵的精神食粮，为中国共产党成立100周年献上了一份厚礼！

二、本套丛书的出版是"重庆三线两会"遵循习近平总书记关于"准确把握保护和发展关系"重要讲话精神，在各级党委政府的支持下，密切联系群众，开展大量细致的考察调研工作，及时向文史、文物部门反馈和协调解决调研中发现的问题；多次召开座谈会，征求文化管理部门的指导意见和企事业单位的访谈及支持意见，做活了"三线两会"的调研、考察工作，完成了川渝地区三线建设历史资料的收集、整理和编纂、出版工作。

三、"重庆三线两会"在三线建设研究中的做法和经验值得其他地区甚至全国效仿。我相信在重庆做法的引领下，全国三线建设研究一定会出现欣欣向荣的繁荣景象；

弘扬、传承"艰苦创业、无私奉献、团结协作、勇于创新"的三线建设精神定会取得丰硕成果。

今天我们要将三线建设的宝贵财富应用于"成渝地区双城经济圈建设"中，使之发扬光大，把三线建设精神永远传承下去，在保护、开发、利用三线建设工业遗存、遗址和文化遗产中，变资源优势为经济发展优势，为建设富强民主文明和谐美丽的社会主义现代化强国而努力奋斗，为完成第二个百年奋斗目标而再创辉煌！

长风破浪会有时，直挂云帆济沧海。祝"重庆三线两会"的同志们再创辉煌！

王春才

2022年6月28日于成都

王春才：中共党员。高级建筑工程师。中国作协会员、四川省作协会员、中国报告文学学会会员。毕业于扬州工专(扬州大学前身)建筑专业。1955年入川投身大西南建设。先后担任成都锦江电机厂基建科科长、中共中央西南局国防工办、四川省国防工办基建规划处处长、国务院三线建设调整改造规划办公室规划二局局长、国家计委三线建设调整办公室主任等职。中国三线建设研究会原副会长。

筚路蓝缕鉴初心 六十周年献厚礼

时值伟大的中国三线建设 60 周年之际，由重庆市中共党史学会三线建设研究分会与重庆市工程师协会三线建设工业文化专委会（以下简称"重庆三线两会"）联合编纂的《巴山蜀水三线建设》第二辑出版了。

这是"重庆三线两会"献给中国三线建设 60 周年、献给人民兵工成立 90 周年、献给川渝地区乃至全国的三线人的一份厚重礼物！

2018 年 2 月，习近平总书记考察四川时，对三线建设的历史功绩作出重要评价：三线建设，使一大批当时属于顶尖的军工企业、国有企业、科研院所来到西部，这些都是我们发展的宝贵财富。[①]

2021 年 2 月 20 日，习近平总书记在党史学习教育动员大会上的重要讲话中指出：中国古人说："度之往事，验之来事，参之平素，可则决之。"在全党开展党史学习教育，就是要教育引导全党以史为镜、以史明志，了解党团结带领人民为中华民族做出的伟大贡献和根本成就，认清当代中国所处的历史方位，增强历史自觉，把苦难辉煌的过去、日新月异的现在、光明宏大的未来贯通起来，在乱云飞渡中把牢正确方向，在风险挑战面前砥砺胆识，激发为实现中华民族伟大复兴而奋斗的信心和动力，风雨无阻，坚毅前行，开创属于我们这一代人的历史伟业。

三线建设，是党中央在 1964 年作出的以备战和改变西部落后面貌为中心、在中西部地区开展的重大战略决策。到 1983 年三线建设基本结束

---

① 当代中国研究所著：《新中国 70 年》，当代中国出版社 2019 年 12 月版，第 105 页。

以后，又按照国家部署，进行了三线企业调整改造战略，到2006年基本完成。三线建设和调整改造，前后长达40年，是党史、新中国史、改革开放史、社会主义发展史上的重要事件，也是我们今天学习"四史"的重要素材和营养剂。

重庆，是三线建设的重中之重，给我们留下的宝贵财富，也是中国三线建设研究会学习、宣传和研究的重要对象。当年三线建设的领导人宋平、钱敏等老同志，都曾关切四川和重庆的三线建设历史文化和精神传承。

本书辑录的文章和图片，真实地反映了三线建设在川渝地区从决策、规划到实施的基本情况，以及调整改造的全过程，生动具体地描述了波澜壮阔、气势恢宏的川渝三线建设及"三线人"战天斗地、艰苦创业的风云壮举。

翻开此书，欣赏和阅读各类文章及那些印证历史的新老照片，犹如打开了一扇厚重的历史之窗，给我们展现出一幅五彩缤纷的历史画卷，仿佛滚滚长江仍在哼唱悠远绵长、高亢激昂的历史咏叹调，至今还在巴山蜀水间萦绕！

这部文集，有巴蜀地区三线建设与调整搬迁亲历者的回忆和口述史；有记者采访三线建设亲历者的报道；有经济学者、历史学者和其他专家对三线建设的研究、总结与思考；有三线建设遗产的保护、开发、利用实例和方案的介绍。

这套丛书的编撰出版，离不开中国三线建设研究会副会长、中共重庆市党史研究室原副厅级巡视员艾新全和中国三线建设研究会常务理事、重庆市工程师协会三线建设工业文化专委会主任委员陈晓林的精心组织带领，他们团结重庆地区一群热心三线、乐于奉献、不怕吃苦、不计报酬的三线建设研究的热心人，大家忘我地工作，把主要精力投放在三线建设企业的实地考察调研中，收集整理了大量翔实的历史资料和现场实景图片。特别是陈晓林在2020年5月以来自费考察了十几家三线企业基础上，10月"重庆三线两会"携手后，联合发出了"川渝携手，打造'巴蜀三线文旅走廊'倡议书"，随即组织人马迅速走访考察了四川成都大邑雾山的原中科院6569工程遗址和"6569三线记忆展览馆"、彭州的锦江油泵油嘴老厂、中和机械厂旧址、晋林工业公司（原重庆南川搬迁企业晋林机械厂）、华庆机械公司（原四川宜宾搬迁企业长庆机械厂）、遂宁射洪原解放军总后3536厂和7449厂遗址等。迄今，他们已考察调研了千余家三线企事业单位，为摸清川渝地区三线建设底子，唤醒三线工业遗产的灵魂与魅力做了大量工作，收集了很多第一手资料。

当我翻阅欣赏这厚厚的书稿时，为之感动而感慨：

"重庆三线两会"的同志们为传承三线精神、弘扬三线文化，在很短的时间内编撰了这部《巴山蜀水三线建设》第二辑，为记录和保存共和国特殊时期这段激情燃烧、可歌可泣的光辉历史做出了很大的贡献。

抚今追昔，有多少天南地北的三线建设者为开发建设祖国的大西南，奔赴川渝地区，汗洒丰腴的巴蜀大地，为国家的安全和强盛，用青春和热血把"艰苦创业、无私奉献、团结协作、勇于创新"的三线精神镌刻在人民共和国的旗帜上。

　　光阴荏苒，岁月如梭。三线建设的风雨历程在时代的潮流下已成过去，但三线建设在川渝地区留下了大量独具特色和潜在价值的物质与文化遗产，成为川渝地区建设"巴蜀三线文旅走廊"的宝贵资源，也是我们今天实施"成渝地区双城经济圈建设"国家战略的宝贵的精神与物质财富。我们要保护、开发、利用好三线工业与文化遗产，变资源优势为经济优势，为建设富强民主文明和谐美丽的社会主义现代化强国增辉添彩！

　　赞曰：
巴山蜀水谱史志，三线赤子展新姿。
筚路蓝缕鉴初心，六十周年献厚礼！
敬撰此文，是为序。

陈东林

2022 年 6 月 8 日于北京

　　陈东林：中共党员。中国社会科学院陈云与当代中国研究中心副主任，中华人民共和国国史学会三线建设研究分会副会长。

历时三年　致谢众人

从 2020 年初新冠疫情开始，到 2023 年初新冠疫情基本结束，我带领我的团队用整整三年时间，把三线建设及三线调整时期重庆市涉及的三线建设国防工业产业链的 478 家企事业单位跑将下来，并尽一己之力形成文稿，做了三次修改，今天终于可以跟大家见面了。

1964—1980 年的三线建设，是在一种特殊历史条件下，党和国家对共和国以国防工业为主体的全产业链建设、调整和重新布局。它既是一段现代中国工业的发展史，又是一段涉及万万千千"好人好马"及各行各业的血泪史、奋斗史和光荣史。

三线建设时期的重庆市，由九区四县所组成。九区是指原来的市中区、沙坪坝、江北区、南岸区、北碚区、九龙坡、大渡口、双桥区和南桐矿区；四县即指原来的江北县、巴县、綦江县及长寿县。我们以重庆市国防工业全产业链为主线，参考重庆市国防科技工业志及各地方志、行业志、厂矿企事业单位志，并以前辈们的研究成果为基础，深入每一家单位之现场，采访数百人，收集数千件实物，最终完成了这部书稿。

这套丛书的面市，首先要感谢中国三线建设研究会的王春才、武力、陈东林、艾新全等老领导，感谢重庆市党史研究室、重庆市文物局以及各区县党研室、文管所，这与你们的指导、帮助、鼓励、亲力亲为密不可分。其次就是重庆市"三线两会"的陈万志、张再坤、陈福正、马述林、王兆泉、罗继科、李治贤、吴学辉、秦邦佑、李强、熊克茵、胡承胜，你们是重庆三线"桃花源"中人，因为正是有了你们，我才感觉到什么叫作如鱼得水，什么叫作家庭温馨。

我最为感谢的是"我的团队我的团"：两位专职驾驶员：刘祥宽、李桂斌；三位外勤：高万华、陈勇、陈位明；三位内勤：周太贞、杨莉、董薇。三年来正是因为有你们的辛勤付出，有你们的风雨同舟，所以我的太阳每天才会都是新的……

陈晓林

2023 年 2 月 5 日于江与城

重庆市三线建设　卷一

第一章　重庆市市中区企事业单位

总目录

第二章　重庆市北碚区企事业单位

重庆市三线建设　卷二

第一章　重庆市江北区企事业单位

重庆市三线建设　卷三

第一章　重庆市沙坪坝区企事业单位

第二章　重庆市双桥区企事业单位

重庆市三线建设　卷四

第一章　重庆市九龙坡区企事业单位

第一章 重庆市江北县企事业单位

第二章　重庆市长寿县企事业单位

巴山蜀水

三线建设

BASHANSHUSHUI SANXIANJIANSHE

重庆市市中区企事业单位

我们家从 1972 年到 1992 年搬到南岸区上新街为止，我在重庆市市中区生活了整整二十年。市三院的玩坝，少年宫的游乐设施，文化宫的露天电影……伴随我度过了健康和幸福的少年和青年时代。

这二十年时间，重庆市市中区变化真的很大，特别是改革开放之后的几年里，作为一座西部大都会，它发展得相当现代化。

1950 年 6 月，重庆市人民政府对原国民政府时期的行政区划进行了调整和重新命名，原来的第一区至第七区被命名为第一区。1955 年 11 月，该区改称"市中区"。1995 年 3 月，将沙坪坝区的大坪和化龙桥街道划入市中区，同时更名为"渝中区"。

重庆市直辖后，作为主城核心区域的核心地带，渝中区的发展更是一日千里，焕然一新，出现了许多网红打卡地：解放碑、长江索道、洪崖洞、鹅岭二厂、李子坝……

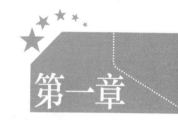

第一章

重庆市市中区发展的根基、腾飞的基石在哪儿呢？静下心来仔细地思考和研究，不难发现，三线建设时期的总指挥部"重庆分组"以及扩能之后的朝天门、火车站和自来水厂；铅笔厂、电池厂、仪表厂、检测仪表厂以及电冰箱厂，作为市中区的工业经济支撑，确确实实是为市中区出过大力、奠定了基础的；造纸研究所，特别是钢铁设计院，真真切切地为市中区、为重庆市"长了脸"。作为市中区现代发展史的重要组成部分的三线建设时代，我们走近它，勘察它，研究它，的确有一种特殊的感情和特别的意义。

前事不忘，后事之师，让我们好好地回忆回忆那段历史，并牢牢地把它记在我们心灵深处吧！

第01节　三线建设重庆地区分组

　　1970年1月,四川省革命委员会与成都军区党委决定,成立四川三线建设领导小组重庆地区分组,领导成员有丁先国、鲁人东、张英才、冀绍凯,定编60人,分设办事组、政工组、生产指挥组、后勤组、规划组,负责重庆市以及周围5个专区(即江津专区、涪陵专区、万县专区、达县专区和南充专区)内的三线建设工作。办公地点就设在当时的重庆市委内,即现在的渝中区中山四路36号。

　　三线建设时期及后来的三线建设调整时期,给重庆安

排了三大任务：第一个是国家最重要的常规武器制造基地；第二个是工业建设118个骨干企业及科研单位，主要分布在江北区（9个）、沙坪坝区（15个）、九龙坡区（8个）、南岸区（3个）、北碚区（25个）、南桐矿区（5个）、大渡口区（2个）、双桥区（2个）、巴县（9个）、綦江县（8个）、长寿县（5个）、江北县（6个）、江津县（8个）、永川县（7个）、合川县（2个）、荣昌县（2个）、璧山县（1个）、铜梁县（1个）；第三个任务是建设与之配套的能够抵御未来战争的可持续发展的战略纵深。

1983年3月，在国务院指导下开始三线调整工作，重庆地区成立了"重庆市三线建设调整改造规划办公室"，采取新建、迁建、迁并、并入等方式，对原三线建设单位进行调整和改造。首先批准的调整搬迁项目29个，其中16个项目在1990年实施，如1990年5月开工的大江车辆总厂，由8家专业厂合并迁至巴县鱼洞镇，第一期工程安排的建筑面积就达110万平方米。

① 原"三线建设重庆地区分组"大门，现重庆市委大门
② 原"三线建设重庆地区分组"办公区，现重庆市委办公区

第02节　襄渝铁路西段建设指挥部

重庆出版社 2020 年出版的《重庆铁路发展——历史与愿景》第 66 页载：1964 年，随着国际形势紧张，中央决定开展"三线建设"，打通我国中部与西部的交通联系成为重中之重。1969 年 12 月 29 日，周恩来总理主持关于襄渝铁路建设的专题会议。同时宣布，毛主席亲自确定了襄渝铁路的走向，这条铁路要快修。"这条铁路修好，四川天府之国的交通就活了。"

襄渝铁路西段由重庆市市中区菜园坝火车站出发，到

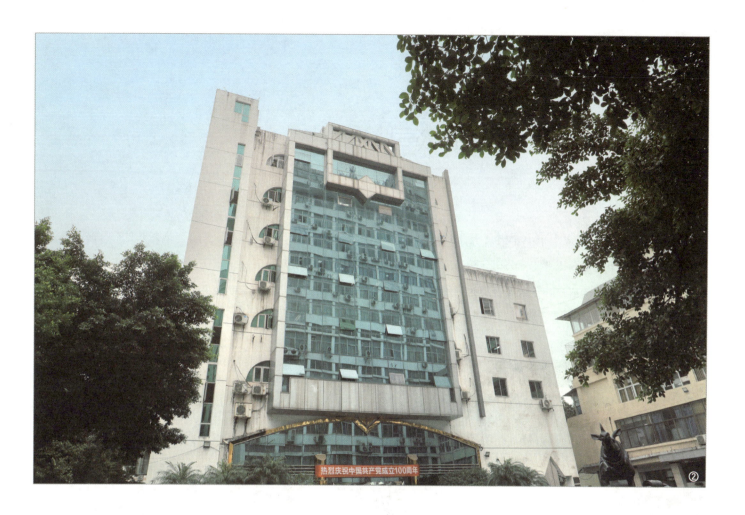

重庆北（即重庆市北碚站）与襄渝线接轨。襄渝铁路于1970年开工，当时负责全线施工的铁道兵报请中央同意，决定由鄂、陕、川三省分别成立襄渝铁路修建领导机关，组织民兵参加修路和负责地方物资供应工作。据相关资料显示，四川省共动员了30多万名民兵参加这一会战。其中的襄渝铁路西段会战指挥部，就设在原来的成都铁路局重庆分局机关里面，其地址在市中区中山支路（劳动人民文化宫中门旁）。

2021年10月28日，重庆三线两会组团前往原重庆铁路分局考察调研。1964年从贵州工学院铁道专业毕业、后来晋升为重庆铁路分局副总工程师的唐宏炎同志告诉我们："当年的襄渝铁路西段指挥长叫孙根柱，是我的好朋友。很好的一个人，可惜后来自杀了。"根据1997年重庆出版社出版的《重庆市市中区志》记载：1970年2月至1972年5月，市中区组织5个民兵营，30个民兵连，共5000人，参加修建襄渝铁路。直到1978年10月1日襄渝铁路建成通车。

① 襄渝铁路西段建设指挥部原大门
② 襄渝铁路西段建设指挥部原办公楼

第03节 重庆医药工业公司

重庆医药工业公司成立于 1964 年 1 月 1 日，原系重庆市化工局领导下的制药工业专业公司，随着三线建设时期中国医药工业公司的成立，该公司转身为中国医药工业公司重庆分公司，对重庆市所属的 13 家全民企业（即西南制药一厂、西南制药二厂、西南制药三厂、西南合成制药厂、重庆制药五厂、重庆制药六厂、重庆制药七厂、重庆桐君阁药厂、重庆制药九厂、重庆制药机械厂、重庆医药工业研究所、重庆医药工业技工学校、重庆医药工业公

①

司设计室）和4个集体所有制企业并成都军区第三制药厂进行归口管理。

该公司地处重庆市市中区新华路412号，对所属企业实行"四集中"（人、财、物、计划集中）、"五统一"（会计核算、计算盈亏、物资采购、产品销售、原材料计划）的经济管理体制。再后来，随着全国医药行业托拉斯体制的解体，公司管理权限下放给重庆市，更名为"重庆医药工业公司"。20世纪80年代，随着重庆市医药管理局的成立，从1981年1月1日开始，重庆市医药管理局与该公司实行"两块牌子、一套班子"合署办公。

该公司成立二十年以来，坚持实行专业化管理，统一领导所属企业的生产经营和科研工作，不断适应生产力发展的

① 已被房地产开发了的重庆医药工业公司
② 已被房地产开发了的重庆医药工业公司
③ 已被房地产开发了的重庆医药工业公司

需要，从整体上提高了重庆医药工业的实力，截止于1983年，该公司可生产药品达735种，其中原料药64种，西药制剂457种，中成药214种。有24个产品获省级以上优质产品称号。时有职工12574人，专业技术人员1290人，工程技术干部878人；固定资产原值11600万元，净值7641万元；1964年至1983年，公司累计上缴利税46828万元。

已被房地产开发了的重庆医药工业公司

第04节　重庆新华化工厂

重庆新华化工厂位于市中区平安街 174 号。2003 年，根据重庆市政府对主城区工业企业实施"退二进三、土地功能置换"的规划要求，该厂异地搬迁至潼南，现位于潼南县江北工业园区内。

作为三线建设重要的扩能企业，重庆新华化工厂主要生产钛白粉、氧化铁红和大红粉等三大主力产品。其中的钛白粉是一种白色颜料，是制造白漆、浅色漆的主要原料。1960 年三线建设前开始土法上马研发，于 1971 年重庆

重庆新华化工厂原址上的新颜

①

市化工局才在该厂投资兴建钛白粉生产车间，次年其产能为300吨／年；1974年国家投资125万元进行技改，扩能为700吨；在"填平补齐"政策支持下，于1985年产量达到1647吨。

氧化铁红的商品名为"铁红"，主要用于涂料、油墨、橡胶、塑料、建筑及电子工业。三线建设开始后的1965年，该厂引用上海氧化铁颜料厂的硝酸法和硫酸法两种湿法工艺，生产氧化铁红103、104，年生产能力为1000吨；1969年又采用电解铁草酸法，生产氧化铁红202、203；1975年又成功试验了硝酸盐混合法新工艺，以期降低产品成本；1980年又采用碳酸铵法生产氧化铁红204、205。

大红粉属有机偶氮颜料。1965年该厂引进了上海染料化工厂工艺技术，采用苯胺经重氮化后与色酚AS偶合生产大红粉。利用原来的旧厂房，该厂自制重氮化、色酚溶解及偶氮等主要设备，于1966年4月生产出合格产品，当年生产成品 60 吨；1967 年经过技改产能扩大至 200 吨，1982 年又扩能至 300 吨。据 1996 年四川科学技术出版社出版的《四川省化学工业志》记载：1985 年，该厂工业总产值 1559 万元，拥有职工 518 人，年末固定资产原值为 650 万元，净值为 521 万元，实现利润为 215 万元。

① 新华化工厂原址上的新建筑
② 原老厂黄桷树－守望
③ 新华化工厂原址上的新建筑

第05节　重庆电池总厂

现在的小朋友有手机、平板等电子产品玩，作为20世纪七八十年代的孩子，最好玩的就是电筒了。电筒能给我们带来照明，不但摸黑走夜路时用得着，而且最重要的是晚上偷偷摸摸在被盖里面看小人书，它是必不可少的。

电筒的使用全靠电池了，当时的电池供应紧张，凭票供应。为了延长电池的使用时间，我们常常在废旧电池屁股上钻两个洞，倒些盐水进去让它"再生"。

我们当时最喜欢的电池是"火车牌"，其生产厂家就

①

是坐落于市中区黄沙溪平安街175号的重庆电池总厂。这家厂是1937年由上海益丰电池厂的贺师能来重庆开办的，当时员工只有30多人，产品就是"火车牌"干电池，日产3600只。解放后经过公私合营，整合各种资源，变成了重庆电池总厂。

三线建设开始后的1965年，四川省轻工业厅报经国家轻工业部核定，把四川省包括重庆电池总厂在内的5家单位，作为国家定点厂，投入资金进行了扩能改造工作，同时重庆电池总厂还与自贡电池厂进行横向联合。1983年，重庆电池总厂的产量突破1亿只，一举成为全省两个最大的电池厂之一。

2021年11月12日，重庆三线两会组团来到了易地后的重庆电池总厂，位于重庆市渝北区双凤桥街道高堡湖东路5号，看到的景象是"老树发了新芽"，其生命力还是那样的旺

① 现今重庆电池总厂大门
② 现今重庆电池总厂厂区
③ 现今重庆电池总厂办公楼

盛，蓬勃向上，雄姿英发。该厂是中国电池工业重点骨干企业之一，也是以生产各型干电池、蓄电池为主，以及有色金属熔炼轧制的中小型国有企业。其"火车牌"无汞碱锰电池是国家科技部、环保总局等五部委联合授予的"国家重点新产品"，获 2007 年度重庆市科技进步二等奖；2002 年至今一直保持国家质检总局授予的"中国名牌产品"殊荣，是中国电池工业首批荣获中国名牌的品牌之一；2011 年 1 月被认定为"重庆市著名商标"。

① 现今的重庆电池总厂业已"老树发新芽"
② 现今的重庆电池总厂业已"老树发新芽"
③ 现今的重庆电池总厂业已"老树发新芽"

第06节 重庆川江电机厂

重庆川江电机厂是机电部定点生产电机的专业厂家之一，是重庆市专业生产中小型交流电动机的骨干企业。该厂1958年建厂于新华路，80年代初搬迁到上清寺，进入21世纪后，根据重庆市政府的政策规划，被置换到江北区港城工业园。

在三线建设之前，该厂主要生产直流电动机、发电机、变压器等封闭式产品，主要产品型号有JO、JO2型电动机，以及耐氟式电动机、制冷压缩电机、B-15型附差式振动

耀眼的"重庆川江电机厂"

器和汽车启动器、发电机等产品。

三线建设开始之后，该厂的主管局由重庆市农机局转到了重庆市机械局，随后该厂的产品结构也进行了适当调整，从而开始逐步生产具有当时比较先进的 Y 系列交流电动机以及纺织电机、单相电机等产品，且添置了全套检测试验设备，形成了"一条龙"的专业化协同生产线。

1988 年，该厂 Y 系列电机在四川省行业检查中获质量第一名，Y100 电动机被重庆市质监站认定为一等品。

同年，该厂拥有职工 557 人，其中专业技术人员 68 人；主要机器设备 117 台；全厂占地面积 13229 平方米，其中生产用房面积 9338 平方米；拥有固定资产原值 413 万元，全年完成工业总产值 655 万元，创造利税 94 万元。

① 重庆川江电机厂办公楼
② 重庆川江电机厂生产车间
③ 重庆川江电机厂生产车间
④ 重庆川江电机厂厂区一角

第07节 重庆仪表厂

①

前几天我在重庆三线建设群里发了一则消息：1981年至1997年，我在国营重庆制药机械厂工作时，每天需要从牛角沱到沙坪坝往返，途中都要经过一座规模很大的仪表厂，并且听说这是以前从外地迁建过来的三线企业；至于它完整的名称及现在的处所，我真的记不起来了——特此在群里发了一个公告。不久，群友曾健和冯波，因当年的工作关系、他们的接触，告诉我了相关的信息。

重庆仪表厂的前身系公私合营的重庆仪器仪表厂，于1958年6月由重庆度量衡厂仪器车间、重庆市中区第一、第二仪器合作社、华记电镀厂等单位合并组成；1960年转为地方国营企业，更名为"重庆仪表厂"。全国性的三线建设展开之后，1965年，天津热工仪表厂部分职工内迁并入该厂。1968年起先后隶属于重庆市无线电仪器仪表公司、重庆电子仪表局领导，并于1979年易地江北区观音桥扩建，再后来改制成了如今的耐德工业集团。

该厂初创于市中区李子坝时，主要研制生产袖珍经纬仪、森林罗盘仪、分析天平、工业天平，同时试制生产弹簧管压力表、板式电流电压表，平均年产值217.5万元。天津热工仪表厂部分职工内迁并入该厂后，开始转产LP型圆盘计量仪，主要为军工产品配套，并逐渐发展成生产节能计量仪表的专业化工厂。因其产品适销对路，即使在"文革"动乱时期，其总产值仍达到了244万元。

搬迁扩建后，该厂不断提高企业整体素质，逐步由生产型转向了生产经营型，并大力开拓市场，加速产品更新换代，开始了大踏步的前进。1979年，该厂被授予"大庆式企业"荣誉称号。该厂开发出U型腰轮流量计、UQ型腰轮气量计、手握计量加油枪等产品，同时还开发出LPG、LPGQ型过滤器和DDK-1型电子定量控制仪等产品，并逐步形成了系列投入批量生产。

1985年，该厂从日本东机工业株式会社引进了口径25-250毫米罗茨流量计的加工生产专有技术；1986年，又从美国沃克公司引进了700型微型流量标定装置，以保证高精度流量计的检测，在新产品的开发和流量检测方面前进了一大步。

① 重庆仪表厂江北电测村家属区
② 重庆仪表厂李子坝厂区旧址
③ 重庆仪表厂李子坝旧址环境

①

②

1986 年，其工业总产值达到了 897 万元。

2021 年 11 月 3 日上午，重庆三线两会组团来到了重庆市江北区耐德工业家属区，这里是原重庆仪表厂的生产生活区。原重庆仪表厂财务科程玉女士告诉我们：1987 年她在重庆仪表厂做财务统计工作，当时厂里已有正式职工 1066 人了，其中工程技术人员 119 人，管理人员 121 人；占地面积 5.44 万平方米，主要设备 518 台套，并有汽油、机油、柴油、空气等多种介质的流量测试装置，拥有固定资产 866 万元；全年完成工业总产值 995 万元，实现利润 249 万元。

① 重庆仪表厂华丽转身为耐德工业股份公司
② 重庆仪表厂华丽转身为耐德工业股份公司

第08节　重庆检测仪表厂

"1988年我任观音桥税务所副所长时，辖区内电测村有一家厂，职工有429人，是一个中型企业。据说这家厂成立于1971年，原来的厂址在市中区重庆饭店的斜对门，是由重庆仪表修理站与重庆软轴软管厂合并组建而成的。1972年叫作'重庆汽车仪表厂'，1983年10月才改名叫作'重庆检测仪表厂'的。"原江北区观音桥税务所副所长曾健如斯告诉我们。

重庆检测仪表厂初创阶段，由仪器仪表修理为主，转

重庆检测仪表厂市中区原址

身为生产汽车仪表、软管总成。1964年，"重庆仪表修理站"组建成立，维修各类仪器仪表。当时有员工22名，固定资产3万元，年产值10万元。1968年起，一批复转军人进入企业并成为骨干，全力推进转轨变型，由修理转为制造，开始研制CA-10解放牌汽车仪表。

1970年，重庆仪表修理站与重庆软轴软管厂合并，更名并成立"重庆仪表软管厂"。1972年，更名为"重庆汽车仪表厂"，选址市中区健康路嘉陵新村203号，开工建设新厂。1974年新厂竣工投产，开始生产"山城牌""山花牌"汽车仪表板总成。1975年，生产CA-10水温表13000只，CA-10油压表14000只，CA-10电流表13000只，CA-10仪表板总成250套，各型汽车软轴软管28000套。

① 拆迁中的检测仪表厂
② 拆迁中的检测仪表厂
③ 拆迁中的检测仪表厂
④ 拆迁中的检测仪表厂
⑤ 拆迁中的检测仪表厂
⑥ 拆迁中的检测仪表厂

①

1978年，该厂抓住重庆市"城市气化""嘉陵制造首辆民用摩托车"的历史机遇，做出了"煤气表、摩托车拉索、摩托车里程表"三大产品决策，第二年开始转产家用煤气表、摩托车车速里程表和拉筋线。1983年，其生产的CJ-50型摩托车车速里程表，获市级百花二等奖。同年，划归重庆市电子仪表局管辖，更名为"重庆检测仪表厂"。1985年，该厂从英国引进了索思·伊美集团的J2.5型家用煤气表成套生产和检验设备。

1986年，该厂第二次迁扩建，落户江北区电测村4号，新建厂房15000余平方米。其从英国引进的新产品成了企业新时期发展的支柱产品。至1988年，该厂已形成了固定资产原值1115万元，占地面积2.7万平方米，全年完成工业总产值1376.9万元，实现利润171.2万元。

2021年11月2日，我们赶过去考察调研时，一挖机驾驶员告诉我们，这块地皮正在整理，据说江北区国土局马上就要把它挂牌卖出去了。

其实，随着"重庆向北"的城市发展战略和观音桥商圈建设的需要，重庆检测仪表厂被江北区进行了环保置换搬迁，迁移到了江北区鱼嘴镇长惠路24号（利龙国际产业园）。

2005年，重庆检测仪表厂企业改制，更名为"重庆利龙汽车部件有限公司"。经过几年大踏步的发展，至2013年9月，该公司更名并组建为"重庆利龙科技产业（集团）有限公司"，形成了以汽车部件、智能仪表、医疗器械三大产业结构为主体的多元化产业集团，现有职工5000余人，拥有8家下属企业及机构，主要生产车用控制拉索、玻璃升降器、门模块系统、汽车仪表、智能仪表、辅助人工心脏等产品。除此之外，伴随着中国汽车产业的发展浪潮，利龙集团在重庆、广州、长春、

① 检测仪表厂职工宿舍
② 检测仪表厂职工宿舍
③ 检测仪表厂职工宿舍

上海、杭州等地建立起"五地十四厂"的战略生产基地。

从一个在 20 世纪 70 年代年营业额仅 10 余万元的小型国有企业，发展成为如今年销售收入突破 35 亿元的多元化产业集团，并保持了 30 年来实现销售收入年平均递增 31% 的迅猛发展势头，这家曾经的三线小厂不由得让人刮目相看。

① 检测仪表厂职工宿舍
② 检测仪表厂职工宿舍

第09节 长江仪表厂

该厂组建于 1958 年，是由重庆市中区钟表、钢笔修理合作社改组而成。1965 年开始生产一次性温度仪表，当年的工业生产总值只有 21.6 万元，利润 0.3 万元。该厂的初创，为后来生产仪表创造了较多的先机。

该厂先后生产的主要产品有铜热电阻、铂热电阻、工业热电偶、天然气调节器、针形阀、三通阀、数字显示仪、气动基地式仪表、QDZ-II 气动单元组合仪表、空气过滤减压阀、煤气熄火保护装置、大流量煤气调节器、隔爆式热电偶等产品，一举成为国家机械部定点生产自动化仪表的专业化工厂。

1988 年，该厂完成了企业全面整顿之后，时有职工近 300 人，固定资产原值 138 万元，主要生产设备 151 台，其中金切设备 90 台，专用设备 56 台，生产经营面积 4685 平方米，全年实现工业总产值 406.8 万元，销售收入 476.4 万元，利税 109 万元。其生产的云母电阻，被中国自动化仪表质量监督检查中心评定为一等品。

长江仪表厂大门

① 长江仪表厂原址
② 长江仪表厂原址
③ 长江仪表厂原址

第10节　重庆电焊机厂

从学校毕业之后，我在药机厂车间实习了一年，待的时间最长是在焊三班，其主要设备除了共用的行车、一台剪板机、两台卷板机之外，还有三四台重庆电焊机厂生产的电焊机。在我现存的印象中，重庆电焊机厂生产的电焊机长得不很好看，比较粗糙，但非常耐用，很长的时间里都没有听到过杨希茹师傅说它一个"不"字。

重庆电焊机厂原来是重庆川江电机厂的一个机修车间，20世纪60年代初，国家经济大调整时，于1961年10

重庆电焊机厂原址已被开发

月才开始正式建厂，经批准，与母厂重庆川江电机厂脱了钩。该厂刚建立时，一直从事电机、变压器修理业务。三线建设开始之后,这个厂于1965年开始试产BS-330型交流电焊机,随后又开发出了BX3-300型、BX9-300型交流焊机等系列产品。

截至1988年，该厂生产了近万台电焊机，并电力变压器17.29万千伏安；累计完成工业生产总值2083.39万元，向国家上缴税利158.33万元。同年，该厂拥有职工309人，其中工程技术人员19人，固定资产原值79.52万元，生产建筑面积3800平方米，全厂占地面积（即现在的解放碑新华路中段）3500平方米。1988年完成工业总产值175.82万元，利润5.42万元。

① 已被开发了的重庆电焊机厂原址 　　③ 重庆电焊机厂原职工住宅区
② 重庆电焊机厂原职工住宅区 　　④ 已被开发了的重庆电焊机厂原址

②

③

④

第11节　重庆砂轮厂

该厂于1972年由原重庆市中区钢厂和重庆延安机械厂合并而成。原来叫作"重庆机械工具厂"，又名"重庆通用离合器厂"，于1978年正式更名为"重庆砂轮厂"，其地址在解放碑新华路。原来隶属于重庆市市中区第一工业局，1982年划归重庆市机械局所属的重庆机床工具工业公司，系重庆市唯一生产砂轮的一家工厂。

该厂于1965年就开始生产外圆250毫米的陶瓷砂轮、树脂砂轮。1988年其产量达880吨。该厂另一个主要产品

是 NJ-130 离合器，主要为成都内燃机总厂配套，系其定点生产单位，1988 年产量达到了 30000 套。1983 年还研制生产了 EQ140 离合器，主要为"长安牌"微型汽车配套。

1988 年底，该厂拥有职工 341 人，其中工程技术人员 7 人，拥有固定资产原值 170 万元，主要生产设备 99 台，占地面积 21000 平方米，其中生产建筑面积 5800 平方米。该年全年完成工业总产值 215.14 万元，实现利润 21 万元。

① 已被开发了的重庆砂轮厂原址
② 重庆砂轮厂职工家属区旧址
③ 重庆砂轮厂职工家属区旧址

① 重庆砂轮厂职工住宅区旧址
② 重庆砂轮厂职工住宅区旧址
③ 已被开发了的重庆砂轮厂原址

第12节 重庆制钳厂

1975年我读重庆市41中（现重庆市巴蜀中学）初三时，曾在重庆制钳厂"学工"。当时的重庆制钳厂坐落于市中区黄花园靠近钢铁研究院的外边——现嘉陵江黄花园大桥南桥头的隧道附近。那时候重庆制钳厂生产的"多用斧"打的是"中国制造"的牌子，全部由上海、广州、四川、重庆等外贸口岸经销，年产量达到了53.5万把。据说这种"多用斧"是1966年从联邦德国引进的样品，规格有250、275、300毫米3个规格。

重庆制钳厂长生桥新厂址

①

②

③

四川科学技术出版社在1995年出版的《重庆轻工业志·二轻工业卷》第129页记载：1958年，重庆制钳厂用冲床、压力机、车床生产钢丝钳；主要靠手工，批量小、质量差。1968年自制了铣牙机、牙刀铲齿机；1978年改造了热处理工艺，采用GP60—CR14—1,RJC—100—9联合热处理工艺生产线，才使钢丝钳生产批量增大，质量提高；1979年在全四川省质量测试中获第一名。由此可见，三线建设对企业技改及扩能有多么大的推动和促进作用了。

1975年，我们41中初75级四班在重庆制钳厂实习，我的岗位被分配到了该厂的关键设备——700吨油压机。这台机子是专门负责"多用斧"的热工成型的，后面的工序就是铣斧口机铣口、砂轮机砂磨，这

① 重庆制钳厂黄花园第一遗址
② 重庆制钳厂黄花园第一遗址
③ 重庆制钳厂四公里第二遗址
④ 重庆制钳厂四公里第二遗址
⑤ 重庆制钳厂四公里第二遗址

第一章 重庆市市中区企事业单位

些都是男同学做的；后面女同学负责的工序是装柄、清漆、包装。想当年我们非常喜欢这个具有砍削、起钉和敲锤功能且外形精巧的五金工具，千方百计都想顺它一把回家。

重庆三线两会继 2021 年 11 月 3 日起到黄花园的老厂遗址之后，又于 11 月 12 日去到了它位于南岸区四公里和长生桥的两处新厂址——重庆制钳厂现今已华丽转身，变成了规模更大的重庆齐信汽车零部件有限公司了。

① 重庆制钳厂长生桥新厂址
② 重庆制钳厂长生桥新厂址

第13节 重庆电冰箱厂

1985年，父亲晋升为市三院副主任医师时，他的一位朋友给他送来了一张十分珍贵的购货券——购买"富渝·将军"牌冰箱用的。不久父亲在重庆铅笔厂借用了一台车，我随父亲到坐落于市中区长江一路的重庆电冰箱厂仓库去提货，一台银灰色160升双门冰箱。重庆电冰箱厂当时位于市中区长江一路52号。

"电冰箱是重庆20世纪80年代三线建设调整时期国家花外汇从国外引进的一种现代化家电产品。六机部系统

重庆电冰箱厂旧址视野非常开阔

①

②

有五洲实业公司，五机部系统有长风机器厂，再有一家重庆本土的企业，就是重庆电冰箱厂了。"2021年11月13日，我电话采访了时任五洲实业公司总经理兼党委书记的陈福正老前辈，他是如此告诉我的。

1984年第4季度，隶属于重庆市第二轻工业局的重庆电冰箱厂，花150万美金，从日本富士康公司引进了包括钣金、表面喷涂、蒸发器、门框加工、总装等生产线及成套关键设备。后来该厂又投资3000万元（人民币）引进了风冷无霜大容积电冰箱生产线，从而形成了年产三门冰箱6万台的生产能力。加上原来的BCD-148、160、166、190双门冰箱数万台，重庆电冰箱厂在重庆及西南地区是非常有名的了。

"当年，重庆电冰箱厂的厂长是由市二轻局团委书记慕高清去担任的。"时任市中区区委副书记的欧茂林，2021年11月13日在电话里告诉我。再后来，在重庆市老团干一次联谊会上，我见到了干练气质依旧的慕高清老厂长，她告诉我：当时重庆电冰箱厂的系列产品由于采用的是国际现代化生产手段和工艺，加上严格的质量检验制度，"富渝·将军"冰箱曾获得全国轻工产品出口创汇"金龙腾飞"奖、第二届全国家电"金飞马"奖、首届轻工博览会及第二届国际博览会金奖。

① 重庆电冰箱厂遗址
② 重庆电冰箱厂遗址
③ 重庆电冰箱厂遗址
④ 重庆电冰箱厂遗址
⑤ 重庆电冰箱厂厂房已被开发

第14节 重庆铅笔厂

重庆铅笔厂最早位于市中区的菜园坝，在菜园坝火车站右侧不远的地方。这个厂的特约医院就是重庆市第三人民医院。因为这个缘故，父亲和这家厂的员工上上下下都很熟，最要好的当数铅笔厂当时的供应科长陈善渝了。他经常来我们家里做客，顺便给我们带来一批又一批的各式各样的铅笔。

陈善渝叔叔是非常善于言谈的一位退伍军人。他曾告诉我：重庆铅笔厂是抗战时候从上海迁到重庆来的，是西

①

南地区唯一的一家铅笔厂，当时叫"中国标准铅笔厂股份有限公司重庆分公司"。三线建设之前，这个厂生产规模每年不到5000万支，三线建设后，国家投入70万元资金扩大生产规模，到1966年，其产量突破1亿支大关，生产总值达到了426.69万元，年利润83.36万元。

1981年，重庆发生特大洪水的时候，陈善渝叔叔带我去过他们厂。当时铅笔厂从7月15日到17日，全厂被淹，水深达3—10米，存放在长江边的近1500立方米的原木随水漂动。曾经作为军人的他，带领突击队把它抢救了下来。

截至1985年，包括三线建设在内，国家累计对重庆铅笔厂投资达743.5万元，年产木杆铅笔2.2亿支，活动铅笔120万支，拥有职工1245人，累计创造利税4053.10万元。

① 铅笔厂第一厂址遗存已被开发
② 铅笔厂第一厂址遗存已被开发
③ 铅笔厂第一厂址遗存已被开发

①

②

③

2021 年 11 月 6 日、11
月 12 日，重庆三线两会去到
该厂菜园坝的老厂区及家属
宿舍，又去到它坐落于南岸
区南坪西路 63 号的新厂区，
不知何故，这个中二型企业
已经破了产，变成工业遗址
文创区了。

① 铅笔厂第二厂址遗存
② 铅笔厂第二厂址遗存
③ 铅笔厂第二厂址遗存
④ 老家属区遗存
⑤ 老家属区遗存

第15节 重庆第一工业设备安装公司

1972年，父亲带我回到重庆之后，第一学年在重庆市中区41小学戴了个"帽"之后，次年未经任何考试就转入了重庆市41中学读初中。从我所住家的市三院到学校有两条路，其中一条就是穿过原重庆市自然博物馆里面的民兵指挥部，经黄桷垭过马路，到捍卫路下坡，即可到学校。黄桷垭与捍卫路交界处在我心田里有两个"地标"，一个是路口右边的一家个体户做的发糕，香了我一辈子；一个是右边的市中区捍卫路18号，就是车水马龙的重庆第一

①

工业设备安装公司（下文简称"一安公司"）了。

时过境迁，沧海桑田，时间过去40多年了，原来的一安公司仅有部分房屋残存在那儿，原来的老同志已经很难找到了。经过多方打听，2022年3月18日，我们终于找到了现在任重庆第二工业设备安装五公司书记的李文平，他当兵后转业到了"一安公司"。谈到自己的老东家，他是一往情深。他告诉我们，重庆第一工业设备安装公司成立于1958年。1985年，经理是华幼荣，总工程师是潘瑾，当年的在册职工有2155人，施工年产值1807万元，利润126万元。

"我们的一安公司是一支特别能战斗的队伍。"李文平书记告诉我们，1964年三线建设内迁的浦陵机器厂，随后的长风

① 重庆第一工业设备安装公司大门原址
② 重庆第一工业设备安装公司办公楼原址
③ 重庆第一工业设备安装公司职工住宅原址

化工厂、川庆化工厂、西南制药二厂、西南合成制药厂、长江橡胶厂等企业的设备安装调试，都是一安公司的杰作，特别是 1974 年一安公司承担的 062 工程，安装洲际导弹运载火箭配套的近万台机电设备，以及自动遥控系统安装调试，还获得了航天工业部 1978 年 10 月颁发的锦旗一面："工期短、质量优、敢打硬仗的安装队伍。"

① 重庆第一工业设备安装公司家属区原址
② 重庆第一工业设备安装公司家属区原址

第16节　重庆第二工业设备安装公司

现在的孩子有电脑、电视和各种花样的游乐设施玩，可我们孩子的时候，最好玩的地方就是看"露天电影"了。身在市三院的我等一大帮小孩，有两个地方可以看"露天电影"：一个是三院对面的劳动人民文化宫，起初门票二分钱，压力还不大，后来涨到四分钱，压力就大了；第二个地方就是重庆第二工业设备安装公司了，它位于市三院的堡坎下面，稍微用点力，翻过围墙去就是它的风雨球场了。

重庆第二工业设备安装公司家属楼旧址

① 重庆第二工业设备安装
　公司家属区旧址
② 重庆第二工业设备安装
　公司家属区旧址
③ 重庆第二工业设备安装
　公司家属区旧址
④ 重庆第二工业设备安装
　公司办公楼旧址

重庆第二工业设备安装公司坐落在市中区中山二路99号，重庆市劳动人民文化宫的正对面。这家公司应该是专为三线建设服务而成立的——它诞生于1965年，当年著名的红岩机器厂就是这家公司安装调试的处女秀。随后，四川仪表六厂从美国引进的集成电线生产线，重庆化工厂4万吨／年硫酸工程108台设备、97台非标设备、6750米管道、518台自控仪表及35千伏电站等工程，都是该公司的"大手笔"。

1975年开始建设的四川维尼纶厂，其主要安装力量也是重庆第二工业设备安装公司。其中第一化工区乙炔装置有3个超重大塔，该公司采用自制45米格构式金属桅杆，在16吨吊车配合下，先后将真空脱气塔（高68米、重99.4吨）、干燥机（高66.6米、重90吨）安装到位，仅误差0.02毫米，受到各方好评。据1996年重庆大学出版社出版的《重庆建筑志》记载：1985年，重庆第二工业设备安装公司拥有在册职工3443人，当年完成安装产值2774万元，实现利润148万元，上缴税金97万元。

第17节　重庆第三建筑工程公司

　　重庆第三建筑工程公司，成立于三线建设开始后的1965年，注册地在袁家岗1号。2002年1月18日，改制组建为现在的重庆第三建设有限责任公司，系市属国有控股企业——重庆建工集团下属的骨干建筑施工企业。现具有房建施工总承包壹级、市政公用工程承包壹级、机电安装专业承包壹级、土石方工程壹级资质。

　　在三线建设及三线建设调整时期，该公司主要承担了第三军医大学3个附属医院、长江航运局重庆职工医院、

扬子江假日饭店、重百大楼、朝天门广场、奥林匹克体育中心等项目的建设工程。1985年该公司拥有职工3485人，竣工面积为13万平方米，实现施工产值2819万元，利润191万元，上缴税收64万元。

截至2021年底，该公司净资产近18亿元，资产总额77.8亿元，具有年实现营业收入100亿元，年竣工工程1000万平方米的生产经营能力。公司在职员工1600余人，各类管理和技术人员1500余人，具备中高级专业技术职称551人；国家一级注册建造师200余人。

经过50多年辛勤的耕耘和不懈追求，一代又一代"三建人"用智慧和汗水在巴渝大地上塑造了一座座不朽的丰碑，包括蕴藏着三千年巴渝文化的中国三峡博物馆，其中有2项鲁班奖、10项"巴渝杯"优秀工程奖。

① 重庆第三建筑工程公司办公区
② 重庆第三建筑工程公司厂门
③ 重庆第三建筑工程公司质检部

① 重庆第三建筑工程公司办公区
② 重庆第三建筑工程公司大门
③ 重庆第三建筑工程公司住宅区

第18节　重庆住宅建筑工程公司

20世纪90年代中期，全国电话卡爆棚：我每个星期天乘坐第一班飞机从重庆飞上海，带过去的是一大密码箱从重庆、西部和全国汇集拢来的电话磁卡，在上海卢湾区工人文化宫完成交割后，带回来的是满满一大箱逾30千

克现钞。那不久，由重庆住宅建筑工程公司承建的解放碑商业大厦的招商负责人，通过各种渠道找到我这个当时名头很响的"中国磁卡大王"……

解放碑商业大厦的招商负责人告诉我，他们的商业大

重庆住宅建筑工程公司办公楼

①

②

厦是 1987 年 9 月至 1991 年 12 月，由重庆最著名的住宅建筑公司承建的，被评为了建设部的"优质样板工程"。整座大厦由主楼、裙楼及附属用房 3 个部分组成，建筑总面积为 6.29 万平方米，楼内有公寓式写字间、客房、展销厅、宴会厅、厨房，顶部还设有旋转餐厅和景观平台。我开着刚买的新车去看了一下，当时的价格就几千元每平方米，但我认为到解放碑交通不便，没有下手。之后，一个偶然的机会我又去大溪沟黄花园，看了重庆住宅建筑工程公司的另外一个作品——巴蜀幼儿园。总而言之，对这家因三线建设慢慢发展起来的建筑企业印象多不错的。

重庆住宅建筑工程公司是 1952 年由重庆建工局的一个房屋修缮队，经过三线建设时期为大、小三线企业服务而"高大上"起来的，其企业住址在市中区桂花园 43 号。2002 年，改制为重庆建工住宅建设有限公司，成为重庆建工集团核心企业，系重庆市国有控股施工企业骨干力量。

三线建设调整时的 1985 年，该公司有职工 4000 人，施工产值 2338 万元，实现利润 177 万元。发展到 2020 年，该公司有资产总额 60 亿元，实现年营业收入 85 亿元、年承接业务 100 亿元以上、年竣工工程 700 万平方米以上的生产能力。公司下设 50 个工程项目部，5 个市外分公司和 6 个专业化分公司。具有专业技术人才 1700 余人、一级建造师 200 余人、中高级职称 500 余人。

① 重庆住宅建筑工程公司家属区
② 重庆住宅建筑工程公司家属区
③ 重庆住宅建筑工程公司家属区
④ 重庆住宅建筑工程公司家属区

第19节 川煤十二工程处

松藻矿务局的打通一矿，始建于 1966 年 3 月，1970 年 7 月 1 日简易投产时，每年的生产能力只有 60 万吨。三线调整时的 1985 年开始扩建，1990 年 10 月通过国家验收，年产原煤达到了 150 万吨，成为重庆生产能力最大、装备最先进的矿井。其调度通讯用程控调度总机和调度模拟盘、液晶显示屏幕，并配有 300 个各类传感器和 TE-200 型监测系统。它的施工单位就是川煤十二处。

川煤十二处的正式全称为"四川煤炭基建公司第十二工程处"，成立于 1954 年，企业地址位于市中区的大坪长江二路 177 号。1988 年改名为"四川煤炭第一建筑安装公司"。

打通一矿的扩建工程历经 46 个月施工期，其改扩建工程安装设备 2484 台、铺设管道 20.22 千米、轻轨 7.38 千米、井下输电电缆 20.19 千米，矿井输电线路 12.56 千米。矿井通风采用两翼边界抽出式通风方式，煤炭从工作面至地面煤仓全部使用胶带运输机运输，竖井提升采用可控硅低频调速装备——它的安装主要由川煤十二处完成的。

川煤十二处 1985 年拥有职工 3410 人，施工产值达到了 2150 万元，施工面积有 5.6 万平方米，施工质量优良率达到了 71%，实现利润 46 万元，是重庆市煤炭系统一支特别能吃苦、特别能战斗的优秀集体。

①

① 川煤十二工程处办公区
② 川煤十二工程处家属楼
③ 川煤十二工程处办公区
④ 川煤十二工程处家属楼

第20节　交通部航务二处

　　我母亲的第一份正式工作是在交通部第二航务工程局二处，该处简称"交通部航务二处"。记得1966年的一天下午，父亲领着我来到了母亲正在上班的交通部航务二处滩子口204工区，也就是现今的九龙坡火车站下面的滩子口码头。工地作业面很大，作业条件非常艰苦。母亲不但需抬"连二石"（注：重庆及川东地区一种料石的名称，其尺寸约为300毫米×300毫米×1000毫米或者250毫米×250毫米×1000毫米），还要下厨烧饭……母亲那饱含

①

着痛苦的身影，至今深深地留在了我的脑海里。

20 世纪 70 年代中后期，为了解决人民群众穿衣的问题，我国毅然投资 10 多亿元，从日本和法国引进了大型设备 7 个整套，建设了位于重庆市长寿县的四川维尼纶厂。80 年代初，为了开阔视野，共青团重庆市委组织全市规模以上单位的团委书记，参观了这座现代化的特大型企业。记得当时东道主告诉我们：川维厂的建设是以现场大会战形式进行的，其中干得最艰苦、工程完成得最优秀的就算交通部航务二处施工的"川维厂水下炸礁"作业了。

2022 年 3 月 22 日上午，我去到了位于原市中区大坪大黄路 120 号的交通部航务二处。毕业于重庆交通学院、今年 69 岁的杨龙泉高级工程师告诉我：交通部航务二处，新中国成立前就非常有名，它是为了加强长江运输能力于 1960 年迁到重

① 交通部航务二处综合楼
② 交通部航务二处地标塔

① 交通部航务二处办公楼
② 交通部航务二处家属楼

庆的。

　　得益于重庆三线建设的技术改造和扩大产能，1985 年它拥有在册职工 1232 人，其施工产值达 1208 万元，施工面积 2.8 万平方米，当年实现利润 81 万元，上缴税金 33 万元。

第21节　重庆印制一厂

1972 年，我随父亲从四川省的营山县回到重庆之后，在市中区的市三院住了 20 年的时间，度过了我美好的少年和部分青年时光。在这个时间段里，我和身边小朋友们

的主要玩耍区域，就是珊瑚坝飞机码头—燕子岩—枇杷山这一片约 21.54 公顷的区域。现如今，该区域已被重庆市政府规划为"传统风貌区"了，其中包含飞机码头、燕子

重庆印制一厂厂区已被改制成"文创区"

①

②

岩、印制一厂、文化遗产研究所、罗斯福图书馆和枇杷山公园等景点。

重庆印制一厂地处枇杷山后街，与重庆市 57 中学为邻。它的前身是 1930 年国民政府四川省财政厅出资创办的、以印刷钞票和有价证券为主的 3 家官办印刷厂之一。重庆解放后，人民政府接管了此厂。在三线建设之前，它主要承印四川省的教材和作业本，一度隶属于文化系统领导。那个时候生产力不发达，学生开学之后，要隔很长一段时间才能拿到课本和作业本。

三线建设开始之后，国家投入资金对该厂进行了技术改造，除扩建厂房之外，还增加了不少的现代化设备。除了印刷课本和作业本之外，还印刷一些为三线建设服务的书籍和"内部参考资料"。自从无产阶级文化大革命开始，它大规模印制的产品就是《毛泽东选集》《毛主席语录》了。

① 原来厂区已被改制成新的"文创区"保存下来了
② 原来厂区已被改制成新的"文创区"保存下来了
③ 原来厂区已被改制成新的"文创区"保存下来了
④ 原来厂区已被改制成新的"文创区"保存下来了
⑤ 原来厂区已被改制成新的"文创区"保存下来了
⑥ 原来厂区已被改制成新的"文创区"保存下来了

第22节 重庆印制二厂

说起重庆印制二厂，年青一代的重庆人，很多都不晓得，但是说起鹅岭二厂，则全国很多年轻人都知道，它是重庆的一个网红打卡点。其实它们就是同一个地方。

1953 年成立的重庆印制二厂的血统，可追溯到 1941 年 2 月 1 日国民政府在重庆成立的中央印制厂。

民国时期，中国大部分纸币和有价证券，都依靠美

①

国和英国的印制公司来承印。
1937 年抗战全面爆发后，中国
东南沿海城市被日军占领，国
民政府失去了外国印制的纸币
和有价证券进入国门的渠道。
为了解决这一难题，当时的中
央信托局在遗爱祠正街（即现
今的鹅岭正街）创办了"中央
信托局重庆印制厂"，简称"中
央印制厂"。该厂是民国中央银
行直属单位，专印钞券、税票、
邮票等有价证券和政府文件。

　　1945 年抗战胜利后，中央
印制厂迁到上海，但人和设备
没迁走。重庆解放后，该厂被
分成两块：一块留在原地，与
公私合营后成立的西南财政局
印刷厂合并，成为重庆印制三
厂；一块是胶印部分，和西南
军区测绘局印刷厂合并，成为
重庆印制二厂。

　　为稳定市场物价和满足人
民群众基本生活所需物品的购
买，重庆市人民政府发行了粮

① 重庆印制二厂已变成"鹅岭二
　厂"文创区
② 民国中央银行印钞厂旧址
③ 重庆印制二厂家属楼

票、肉票、油票等各种票据（证），对这些有限的生活必需品进行限量供应，这些票据（证）就是由该厂来印制的。每当回忆起那段贮藏在老一辈重庆人脑海里的情景，对重庆印制二厂的印象就更为深刻、难以忘怀了。

到了三线建设后半段，随着"文化大革命"的结束和改革开放大潮的推进，各种票据（证）逐渐退出了历史舞台，重庆印制二厂与时俱进，开始涉及烟、酒、医药、食品、化工等多个领域的产品包装和商标的印制新战场，那时重庆市场上凡是带有颜色的纸片，几乎都出自重庆印制二厂，发展成为重庆的彩印中心和西南印刷工业的彩印巨头。

1985年，该厂拥有职工909人，固定资产原值1317万元，完成工业生产总值1392.32万元。实现利润282.5万元。

① 已变成了"鹅岭二厂"文创区
② 已变成了"鹅岭二厂"文创区
③ 已变成了"鹅岭二厂"文创区
④ 已变成了"鹅岭二厂"文创区
⑤ 已变成了"鹅岭二厂"文创区

第23节 重庆印制三厂

该厂的前身是国民政府中央印制厂重庆分厂。1945 年就有员工 2400 人，专门印制钞票和有价证券，主要生产金圆券、银行支票、本票。解放后与部分公营私营印刷厂合并，先后更名为西南财政部印刷厂、西南税务局印刷厂、西南新华印刷厂一分厂。1970 年接收重庆印制六厂、重庆凸印厂、重庆铜锌制版厂后，后正式命名为重庆印制三厂。

①

① 去重庆印制三厂的
　老路
② 已被开发了的重庆
　印制三厂原址
③ 已被开发了的重庆
　印制三厂原址
④ 已被开发了的重庆
　印制三厂原址

①

②

三线建设前，该厂技术设备比较落后，多处于手工操作和半机械厂状况，主要生产日记本、信封、信笺、扑克、医药商标及包装材料等杂件，除了人员增加（从50年代200多职工增加到800多职工）、设备扩充（75台）之外，生产水平停滞不前，平均年产值保持在400万元上下。

三线建设开始之后，该厂不仅接收了三个小厂，还先后购进并安装了315台设备，主要有联邦德国"海得堡"印刷机7台、进口制版连晒机1台和K22色自动胶印机2台。此外，还有高速卧式凸印机19台和高速立式凸印机10台等大量现代化印刷机器，使其固定资产原值增加到了659.64万元，净值515.62万元。

1983年，该厂拥有正式职工1176人，全厂完成工业总产值1951.82万元，实现利润352.81万元。

① 重庆印制三厂家属楼
② 重庆印制三厂家属楼

第24节　重庆自来水厂

20世纪20年代，重庆城区挑水力夫在2万人上下，主城沿江码头附近开的水桶栈房有上千家左右。徐悲鸿曾作"挑水图"并赋诗曰："忍看巴人惯挑担，汲登百尺路迢迢；盘中粒粒皆辛苦，辛苦还要血汗熬。"1927年，重庆城筹办自来水厂；起水厂（一厂）设在大溪沟观音梁嘉陵江边，制水厂（二厂）设在七星岗打枪坝的高岗之上。至1932年建成投入使用。

重庆自来水厂原设计规模为30万人口供应生活用水，

重庆自来水厂办公大楼

①

以每人每天35公升计，日供水能力为1万吨。1933年其供水为8.5万吨，1937年供水160万吨。陪都时期，重庆自来水厂扩建了一座清水池，并新建了一个沉淀池及加压站，至1946年，其日供水能力达到了1.5万吨。当时的实践者还比较有长远眼光，土木建筑和机械安装都留有2—3倍的扩建余地。

解放后，重庆市人民政府在新建水厂的同时，还投资改造了原来的重庆自来水厂。1964年三线建设开始时，经过初步改造后，重庆自来水厂的日供水能力达到了5万吨。为了预防可能发生的战争，1967年，国家进一步投资，使重庆自来水厂的产能达到了日供9万吨的生产规模。

① 重庆自来水厂的生产管道
② 重庆自来水厂大门
③ 重庆自来水厂家属楼
④ 重庆自来水厂生产区

第25节　重庆钢铁设计研究院

重庆钢铁设计研究院在重庆市民口中被简称为"钢院"，其实它的全称是"冶金工业部重庆钢铁设计研究院"，是冶金部的直属重点设计单位，1958年10月4日由辽宁省鞍山市迁至重庆市市中区双钢路1号。我的小学末尾及初、高中阶段都是在钢院侧边的41中学度过的，班上有贾兰等10来个同学都是钢院的家属子弟，所以对这个单

①

① 重庆钢铁设计研究
　院一角
② 重庆钢铁设计研究
　院科研楼
③ 重庆钢铁设计研究
　院环境
④ 重庆钢铁设计研究
　院大钟楼

位比较熟悉。

迁入重庆以来，钢院在各个历史时期都承担了不少的国家重点工程，特别是在三线建设时期和后来的三线建设调整时期，先后承担了著名的攀枝花钢铁基地、遵义金属制品厂、宁夏钢厂、陕西钢厂等任务。对自行设计的年产150万吨钢的攀枝花钢铁公司，因其整体布局紧凑，为山区建厂之典范，获得冶金行业"象牙微雕"之美誉。

20世纪70年代初，重庆钢铁设计研究院还承担了当时全国最大的引进项目——武钢1700毫米热轧带钢厂的谈判，以及设计管理和30余项国内配套的设计任务。1978年，该院又承担了引进上海宝山钢铁总厂1、2、3期工程国内总承包设计管理和配套设计任务。这一系列高质量任务的完成，使得重庆钢铁设计研究院的设计及施工均获国家级金奖，并荣获科学进步奖91项，申请专利24项。

重庆钢铁设计研究院住宅楼

第26节　中国科技情报研究所重庆分所

我在重庆41中学就读的时候，因为地理关系，班上有四五位同学都是科技情报所的子弟，因为这个原因，我也多次去过位于捍卫路尾段的科技情报所，还在里面看过内部科技片，也得到过许多自己看不懂的过期外文画报，拿回来包书本。

该所始建于1960年12月25日，隶属于中国科学

中国科技情报研究所重庆分所原址

① 中国科技情报研究
所重庆分所办公楼
② 中国科技情报研究
所重庆分所家属区
③ 中国科技情报研究
所重庆分所家属区
④ 中国科技情报研究
所重庆分所家属区

院。1962年，所址由石桥铺的四川省第二团校迁至原西南公安部旧址，同年接收了原西南钢铁学院校址。全所占地面积58.47亩。

该所设综合研究、生物化学机械、计算机科学、能源等5个研究室和情报培训、计算机应用开发、信息咨询3个中心，以及文献馆、出版社、印刷厂等12个业务部门。主要从事和开展科技情报分析研究、重点课题调研、计算机应用开发和国际联机检索服务，编辑出版发行图书资料1200多种，主要有《计算机科学》《电工技术、《钒钛》《科学》和《微型计算机》等9种专业性杂志。

该所还从事情报教育用户培训以及情报文献检索、信息咨询、成果查证、声像制作、文献阅览复制等情报业务工作。

截至1985年，该所有员工529人，其中高级职称89人、中级职称150人。

④

第27节　重庆市设计院

1950年5月，重庆建设局筹建重庆建筑公司，地址在市中区中山三路重庆村4号，其中就设有设计部，配备了工程技术人员26人。1953年6月，该设计部改为重庆市建工局设计处。1955年，根据重庆市人民委员会决定，以原市建工局设计处（212人）与市建设局设计科为基础，接收市建设局计划、财务等科室部分人员，以及市地政局

①

部分人员，合并组成重庆市设计院，全院职工达 373 人。

三线建设开始之后，作为国家的战略大后方，重庆地区的基本建设任务增长幅度非常大，1964 年 4 月，国家西南地区设计工作协作会议作了如下决定：重庆市设计院应承担除中央直属设计院和专业设计院承担之外的重庆地区全部设计任务，其中包括省、市所属驻渝单位新建的工业建筑工程和民用建筑工程。

除此之外，重庆市设计院还承担了省、市驻渝单位的扩建、改建工程和房屋维修加固工程的设计；中央有关部委委托的部分工程设计；中央直属设计院承担范围的工程经过协商的一部分工程也由该院承担。

在重庆三线两会跑川东和川北地区时，三线单位以及部分 30 万吨以下的水泥厂建设工程，不少是重庆设计院的作品。

① 重庆市设计院雄姿依然
② 重庆市设计院雄姿依然
③ 重庆市设计院雄姿依然

第28节　四川省造纸研究所

四川省造纸研究所由中华民国经济部重庆工业试验所植物纤维研究室变迁而来。1953年11月，西南工业局将该室与重庆601造纸厂即重庆造纸厂第2圆网车间合并，组成西南工业局造纸试验场。1955年11月，交四川省造纸工业公司领导，同年12月并入重庆601造纸厂，更名为"化龙桥造纸厂"。

①

该所于 1956 年改为轻工部制浆造纸科学研究所重庆研究室。1962 年又将原四川省委工农干部文化学校李子坝幼儿园所址，即位于嘉陵路 470 号的原刘湘公馆调拨给制浆研究室。此后该室科研等部门一同迁至李子坝 186 号，化龙桥正街为该室的试验车间。

三线建设开始后，为了充分利用四川的竹草类纤维资源进行制浆造纸，进一步满足战时用纸需求，该所于 1969 年 2 月扩建为四川省造纸研究所，到 1983 年，该所下放给重庆市轻工业局管辖。

1976 年，该所自行设计出我国第一套造纸所用的横管式连续蒸煮设备、废布加工纸、拷贝纸、复合包装等生产系统。

至 1985 年，该所取得了四川省、重庆市专用的 162 项科研成果，时有职工 435 人。

① 四川造纸所化龙桥试验场原址
② 四川造纸所化龙桥试验场洞库车间原址
③ 已被房地产开发了的四川造纸所化龙桥试验场

① 原划拨给四川造纸所的研究场所——"刘湘公馆"及环境
② 原划拨给四川造纸所的研究场所——"刘湘公馆"及环境
③ 原划拨给四川造纸所的研究场所——"刘湘公馆"及环境
④ 原划拨给四川造纸所的研究场所——"刘湘公馆"及环境

第29节　铁道部第二勘测设计院重庆分院

铁道部第二勘测设计院重庆分院建于1950年，原名"铁道部第二勘测设计院第二分院"，1953年，改为西南铁路设计局，并迁至成都。"原第一分院址在今天即将动迁中的菜园坝重铁村，原重庆铁路分局公安处的隔壁。"我们重庆三线两会于2021年10月28日前往考察调研时，看见它竞争对手的牌子还挂在留守处门口外，原来系同门"李

①

鬼"之所为，由此可见市场竞争也是相当激烈的了。

1956 年，这个单位改名为铁道部第二勘测设计院设计总队。三线建设拉开帷幕之后，该院先后承接了著名的川黔、襄渝以及成渝、宝成、成昆、内昆等主要铁路干线及川东地区的地方铁路勘测设计和电气化改造。1983 年，经铁道部批准，此单位又更名为第二勘测设计院重庆设计处，1985 年改为现名，院址在上清寺互助里43 号。我们重庆三线两会赶过去时，它已搬到重庆火车北站，现在是鸟枪换大炮了。

"原来该院的业务比较有限，天天派人往重庆铁路分局跑，他们的头头我都熟，对我们那是客气得很。"重庆铁路分局原副总工程师唐宏炎如斯说。1980 年该院开始承接外委任务，先后承接了嘉陵江石门

① 中铁第二设计院重庆分院大门
② 中铁第二设计院重庆分院现址

②

大桥、210 国道红双段一级公路、江北机场磨心坡卸油专用铁路、江津珞璜电厂专用铁路、南京外环二级公路、上海亭枫一级公路等勘测设计工程。1994 年，该院已有员工 897 人。

① 市场竞争的历史产物
② 市场竞争的历史产物
③ 市场竞争的历史产物
④ 铁道部第二设计院重庆分院上清寺互助里旧址
⑤ 铁道部第二设计院重庆分院上清寺互助里旧址
⑥ 铁道部第二设计院重庆分院上清寺互助里旧址

第30节　重庆煤炭设计研究院

　　20世纪90年代初，我为女儿买了一套全新的儿童服装，把她打扮得像公主一样，去坐南岸区上新街刚刚开通的南山架空旅游索道，从上新街的儿童乐园起步，再

从南山山顶返回，半座重庆城市风光和美丽的南山景致，尽收眼底。女儿问我：这条旅游索道是谁设计的呢？我告诉她：是重庆煤炭设计研究院设计的。这就是该院给

①

我的第一印象。

1952 年 4 月,西南煤业管理局设立了基本建设科;1953 年 3 月,以该科为基础,成立了西南局煤管设计公司;1954 年初更名为"西南煤矿管理局设计局",设置了采矿、洗选、预算、桥梁、公路、房屋、输配供电、提升、排水、运输、通风、测绘等专业。同年 2 月 15 日,燃料工业部煤矿管理总局决定,将该院定名为重庆煤矿设计院。直至 1988 年 7 月,中国统配煤矿总公司接手后,将该院正式定名为"重庆煤炭设计研究院"。

三线建设之前的 1957 年,重庆煤矿设计院编制了《南桐矿区总体规划》(含南川、松藻矿区),其设计规模为年产原煤 660 万吨。在此规划的指导下,组织实施了南桐煤矿一、三井合并的改扩建,二井延深和东

① 重庆煤炭设计研究院大门标识
② 重庆煤炭设计研究院办公楼
③ 重庆煤炭设计研究院广场区

①

②

林煤矿延深扩建，并开工建设了鱼田堡一号、二号立井，使南桐矿区年生产能力由 65 万吨提高到了 276 万吨。

1991 年 8 月，国家三线建设编写组编写的《三线建设》记载："西南炼焦煤矿区，是煤炭工业三线建设的第一战役，主要是配合攀枝花钢铁基地建设而展开的。建设重点是贵州的水城、六枝、盘江，云南的宝鼎和四川的芙蓉等新矿区；并对松藻、南桐等老矿区进行了扩建。"这些三线建设的历史功绩，也有重庆煤矿设计院完成的规划设计。

1965 年 10 月，重庆煤矿设计研究院编制了《松藻矿区总体规划》，矿区规模为年设计产煤 345 万吨，次年煤炭部审批为年设计产煤 270 万—300 万吨。在此规划的指导下，松藻煤矿先后新建了打通一、二矿，石壕矿、逢春矿，改扩建了松藻一、二井，矿区年设计生产能力达到了 300 万吨。同时对矿井的综合开拓、运输、通讯、排矸、地面装储运系统进行规划设计。

　　据相关资料显示，重庆地区的煤炭地质储量计50亿吨，在2021年之前，年产量为3000万吨，重庆煤炭设计研究院干了些什么活儿呢？1964—1980年的三线建设时期，下列单位的规划设计全是该院的成果：松藻矿区345万吨、华蓥山南部矿区（天府矿区）200万—270万吨、永荣永川100万—120万吨、天府刘家沟煤矿30万吨、打通一矿60万吨、打通二矿45万吨、天府杨柳坝21万吨、南桐煤矿三井15万吨、天府一矿30万吨、天府二矿60万吨、天府三矿30万吨。

① 重庆煤炭设计研究院综合办公区
② 重庆煤炭设计研究院综合办公区
③ 重庆煤炭设计研究院综合办公区
④ 重庆煤炭设计研究院综合办公区

第31节 重庆火车站及川黔铁路

对于任何一位老重庆人来说，菜园坝重庆火车站，它的重铁村及川黔铁路，实在是有太多的难舍情结了。在三线建设时期及改革开放前后，要去贵阳方向，都要经过山城饭店及后面的重铁村，到火车站购票乘车。我读高中时，第一次坐火车去南桐分校；后来参加工作，在三线扩能企业重庆制药机械厂任销售科长，出差去贵阳方向，数十次

①

乘火车，无一不是在重庆火车站购票，走川黔线去目的地的。

地处市中区的菜园坝重庆火车站始建于1950年；1952年7月1日正式投入运营。它是办理川黔、成渝、襄渝3条铁路干线客货运输的铁路一等站。原来的重庆火车站仅设旅客站台2座，候车棚面积只有4584平方米。三线建设开始，直到1989年，经过数次提档升级，国家先后投入1.4亿元资金进行扩能改造。改建后的重庆火车站，设旅客站台4座，到发线7条，走行线3条，库线10条，存车线6条，新建综合性客运站48417平方米，候车厅一次性可容纳旅客5000人以上。

川黔铁路由重庆火车站出发，沿成渝铁路到小南海站接入川黔铁路。川黔铁路全长423.7千米，其中重庆境内135.7千米，1965年10月建成

① "重庆的血管"重庆火车站及川黔铁路
② 重庆火车站售票处
③ 重庆火车站站名

①

②

③

通车。1986 年开工实施电气化铁路改造，1991 年完成川黔全线电气化铁路改造并投入运营。电气化改造完成后，小南海至赶水段年输送能力由 900 万吨提高到 2050 万吨，赶水至贵阳段由 400 万吨提高到 1279 万吨。

① 重庆火车站一角
② 川黔铁路段一角
③ 重庆火车站一角
④ 川黔铁路段一角
⑤ 重庆火车站一角

第32节　朝天门客货运输港区

1967 年，我放暑假的时候，父亲第一次带我去重庆朝天门码头看了一个展览：有从江中打捞上来的沉船，满身的弹孔；有不少武斗被打死了的遇难者照片……据 1994 年中国文史出版社出版的《长江大事记》第 77 页介绍：1967 年 8 月 8 日重庆港群众组织发生武斗，双方动用了机枪、大炮，击沉了"人民 28 号"货轮、"渝港 207 号"和"长

①

江 1 号"拖轮，打死 24 人，伤 129 人。

1964 年，交通部为了响应三线建设的号召，于当年 9 月 7 日报送了《关于试办长江航运公司（托拉斯）的实施方案》，意欲为"备战"需求而成立长航局，加强行业管理，并扩大长江的客货运输能力，获得了国务院的批准。1966 年 4 月 25 日，长航局正式成立了"扩大川江综合运转能力指挥部"（简称"66 指挥部"），下设 662 指挥分部，专门负责对川江上包括重庆朝天门码头等港区进行大规模的整治、改造和扩建。

重庆港的朝天门客货运输港区位于市中区东北部，长江与嘉陵江的交汇处。港区内有朝天门、千厮门、临江门、望龙门、储奇门、月亮碛、嘉陵等码头，是长江上游最大的客货运输港区。得益于三线建设

① "重庆长航"重庆人曾经的骄傲
② 朝天门客货运输港区一角
③ 朝天门客货运输港区一角

的扩大产能，1965 年朝天门客
货运输港区兴建了红岩仓库，
一次性储存能力达到了 1073 吨。
从 1968 年开始，先后建造停泊
能力为 3000 吨级的客货趸船 8
艘，这大大提高了重庆港区的
客货运输能力。

① 今日朝天门客货运输港区
  风情录
② 今日朝天门客货运输港区
  风情录

第33节　重庆嘉陵江大桥

重庆嘉陵江大桥是重庆市区第一座城市大桥，于1958年12月开工，1966年1月竣工。该桥的建成通车，结束了两岸居民只能靠轮渡过江的历史，因此该桥也被誉为重庆"公路第一桥"。

重庆嘉陵江大桥位于市中区牛角沱与江北区华新街之间，因此又称"牛角沱嘉陵江大桥"。它北接210国道和

涛声依旧的重庆嘉陵江大桥

① 市中区瞭望重庆嘉陵江大桥

② 重庆嘉陵江大桥钢结构

③ 江北区瞭望重庆嘉陵江大桥

省道渝长公路，南接市中区中干道、南干道。桥长600.3米，正桥5孔384米，引桥七孔216.3米，桥面宽21.5米。其中车行道14米，两边人行道各3.75米。它是渝中半岛的第一座大桥，寄托了千千万万市民出行的企盼和希望。

一到暑假，作为"火炉"的重庆，白天气温高到40多摄氏度，晚上还是40摄氏度，那个时候没有电风扇，更没有空调之类的降温设备，最直接的降温方式就是来到嘉陵江大桥脚下泡澡。重庆热气腾腾，大桥威武雄壮，我们沿嘉陵江大桥的斜坡而下，从一个滩头游到另一个滩头，那是非常巴适、凉爽的。

从桥下望上去，可以看到嘉陵江大桥的桥型结构：主体是合钢衍梁，双悬臂；引桥为钢筑混凝土T型梁。母亲那时在桥对岸的制药六厂上班，她说嘉陵江大桥的T型梁是现场预制安装的。

这座桥总投资是1800万元。据相关资料显示，重庆嘉陵江大桥的荷载为汽－18吨、拖－80吨，航行净空为60米。

③

第34节　重庆长江大桥

①

现在的中学生只有学习和考试，我们做中学生的时候是要讲政治和"星期六共产主义义务劳动"的。1977年，重庆市区第一座长江大桥动工，我们的校长召开全校上千人的动员大会，号召全校初中、高中学生，星期六自带工具去菜园坝参加共产主义义务劳动，去为重庆长江大桥建设添砖加瓦。

重庆长江大桥位于市中区石板坡与南岸区梨子园之间，又称"石板坡长江大桥"，它南接国道川黔公路，北接市中区南干道，为重庆市横跨长江的第一座城市桥梁。

在建设重庆长江大桥的立项过程中，时任重庆市委书记鲁大东的秘书高群，在2021年1月29日接受我们采访时说："修建重庆长江大桥，其立项工作，我们的鲁大东和钱敏同志是出了大力的。他们打报告，我去跑的北京。等了若干天，那时由时任国务院副总理兼国家计委主任谷牧同志特批后，这才挤进1977年国家计划当中去的。"当年11月26日，重庆长江大桥动工兴建。

重庆长江大桥正桥7墩，2台8孔，长1121米。桥面宽21米，车行道15米，人行道两边各3米。北引桥道长436米，南引桥道长1726米。桥型为预应力钢混T型挂桥。荷载为汽-20吨、拖-100吨。通航净空高度大于18米。工程于1980年7月1日建成通车，工程总造价为6468万元。

②

③

④

① 西铝铸造的桥头雕塑
② 叶剑英元帅为大桥题
　写的桥名
③ 一桥飞架南北
④ 西铝铸造的桥头雕塑

巴山蜀水
三线建设
BASHANSHUSHUI SANXIANJIANSHE

重庆市北碚区企事业单位

　　早上 7 点准时起床，从杏园六舍出发，沿化学系、地理系、西师大门，过图书馆，去电影院，转回中文系，再沿广柑橘林跑到西师广场两边的香樟林，在那儿晨习一小时的汉语言文学，早餐后就开始进教室或上图书馆了。我在西师的每一天都过得非常充实，高速运转着，尽情吸收着知识的源泉。现在回过头来看，我较同龄人来讲，虽然失去了北大、清华的追求，但在北碚西师的每一天我都是过得非常有意义的，是北碚这座城市、是西师这座校园，成就了我的一生，成就了我的事业。

　　跑三线去到北碚的川仪二十多家厂、三汇的几家煤矿，去到我们的红岩和浦陵厂，我都能感受到北碚这座城市的体味和温度。北碚发展的定位是高科技和旅游，希望我们的北碚区能把从抗日战争到三线建设的红色基因好好提炼和总结一下，前事不忘，后事之师，北碚的未来是需要这些东西的。

第二章

第01节　重庆浦陵机器厂

　　重庆浦陵机器厂位于北碚区歇马场东南面的大石盘，地处缙云山脉和鸡公山脉之间的波状小丘陵，海拔256米。有4.5千米的专线公路与碚青（北碚—青木关）公路相接，距北碚19千米。厂区占地面积7.49万平方米，建筑面积4.29万平方米。它隶属于重庆市机械工业局，是机械工业部重点企业之一。

　　该厂系生产小型汽油机的专业厂，具有多年生产汽油机的历史。原主导产品HD0301型3马力汽油机与农业植

①

保机械配套。1958年至1979年，共生产11.64万台/35万马力。1981年转产CJ50型二冲程风冷汽油发动机。至1984年6月，共生产20万台/50万马力。企业从1958年至1984年，累计工业总产值1.33亿元，实现利润1919万元，上缴利润1739万元。

　　浦陵机器厂的前身是上海动力机制造厂，原厂址在上海市闸北区永兴路515号。它是由10余家公私合营企业合并而成。迁并前可分成两个历史发展阶段：第一阶段，1956年以金锟机器厂、祥华五金厂同时并入，组成金锟机器中心厂；以科学机器厂为主体，合并夏威机器厂、振昌机器厂，成为科学机器中心厂。第二阶段，1958年初，金锟机器中心厂与科学机器中心厂共同试制仿日3马力风冷四冲程汽油机；以定型产品HD0301型3马力汽油发动机产业化生产为契机，两中心在合并的同时，并入了勤

①重庆浦陵机器厂大门
②重庆浦陵机器厂办公楼

②

康机器厂、全新汽车零件厂、顺裕铁工场、协盛荣记电焊铁工厂、长城机器厂等5家公私合营企业，组成了上海动力机制造厂。

迁并后的上海动力机制造厂有职工527人，固定资产原值139.89万元，金属切削机床146台。此厂的建立，填补了国家小型汽油发电机生产的一个空白。

1958年该厂生产HD0301型汽油机1989台/6000马力。同年试制1马力汽油发电机10台，70马力汽油机2台；当年完成工业总产值229.58万元，上缴利润57.08万元。

1959年生产6立方米空气压缩机170台，1马力汽油机267台，试制10马力汽油发动机16台。1960年起，因国家经济发展处于暂时困难时期，企

① 重庆浦陵机器厂俱乐部
② 重庆浦陵机器厂厂区
③ 重庆浦陵机器厂生产车间
④ 重庆浦陵机器厂生产车间
⑤ 重庆浦陵机器厂高烟囱
⑥ 重庆浦陵机器厂生产车间

业生产严重不足。为了度过困难时期，企业靠承接各种汽车零件加工，继而生产各类规格的不锈钢高压阀门，使企业方才扭亏为盈，1960 年至 1963 年还上缴国家利润 483.49 万元。

1964 年，经上海市第一机电工业局、上海技术局、农机部内燃机研究所、上海交通大学等单位共 11 人组成国家鉴定委员会，对 HD0301 型汽油机进行全面鉴定，通过之后正式投入量产。

1964 年 9 月，农机部决定将上海动力机制造厂全迁重庆。10 月 7 日，派员赴渝选定厂址，拟定利用原重庆平板玻璃厂旧址和旧建筑物进行迁建。11 月，搬迁方案被批准，

12 月开始搬迁。在迁建过程中贯彻中央"因陋就简，因地制宜"方针，改建工程仅用了 47 天。搬迁工程国家投资 211.5 万元，内迁职工总人数 403 人。

因为该厂从黄浦江畔而来，迁建于嘉陵江边，故得名"浦陵机器厂"，其所在地也被冠名为"浦陵村"。

内迁后，1965 年至 1970 年，重庆浦陵机器厂共生产 HD0301 型汽油机 99，199 台 /297，597 马力，1.5 瓦千瓦汽油发电机组 7550 台 /11.250 千瓦，上缴利润 1501 万元。

1979 年国民经济开始调整，企业需要实行以销定产，HD0301 型汽油机处于市场饱和状态。1979 年国家下达的

计划仅为该厂全年生产能力的四分之一。1980年，国家没有给浦陵机器厂下达生产任务。为了克服困难，1979年至1980年，该厂生产2DB蓄电池搬运车、配自行车用ROC50型1.5马力汽油机、协作生产BB-130农用汽车变速箱齿轮箱、军用配套产品4PF1、4PF3中频发电机组等。但由于品种多、产量低、成本高等原因，企业达不到应有的经济效益，1980年亏损达54.8万元。

1980年9月26日，由重庆市政府、重庆市机械局牵头，该厂与嘉陵机器厂、华伟电子设备厂、红山铸造厂、长江橡胶厂、重庆电影机厂、南川机械厂、重庆工农弹簧厂组成"嘉陵牌摩托车经济联合体"。为发挥专业生产优势，浦陵机器厂承制了CJ50型2.5马力汽油发动机，作为"嘉陵牌"摩托车的动力机。

经过三个月时间的生产准

① 重庆浦陵机器厂家属生活区
② 重庆浦陵机器厂便民服务点
③ 重庆浦陵机器厂家属生活区

备，重庆市经委拨给技改费 30 万元，重庆浦陵机器厂设计制造出全套工艺装备 56 台，建成适合大批量生产的生产线 7 条，实现年产 2 万台 /5 万马力的生产纲领，于 1981 年 4 月正式投产，当年出产 40032 台 /10 万马力，工业总产值 870.94 万元，实现利润 71.9 万元。

从 1981 年转产 CJ50 型汽油机之后，该厂以经营为中心，重质量、重品种、扩大服务领域，实现了"三上一提高"，1983 年，企业的主要经济指标达到了历史最好水平：形成了年产 10 万台套 /25 万马力的汽油机生产能力；固定资产原值 802.5 万元，其中工业生产用 509.4 万元，机械设备 313.3 万元；主要设备 298 台，金属切削机床 214 台，高精度机床 2 台，锻压设备 21 台，大型机床 2 台，汽车 21 辆，其中载重汽车 8 辆；职工 893 人，其中工程技术人员 55 人。

① 重庆浦陵机器厂家属生活区
② 重庆浦陵机器厂家属生活区

第02节　红岩机器厂

红岩机器厂位于重庆市北碚区歇马镇，地处碚青（北碚—青木关）公路的中点处。厂区占地面积29.8万平方米，建筑面积12.64万平方米，其中厂房面积4.45万平方米。

该厂是国家机械工业部生产中高速大中功率柴油机的重点骨干企业，主要产品为250和X050系列的柴油机、煤气机及其与该机匹配组成的交流或直流发电机组。

红岩机器厂大门

①

红岩机器厂主打产品柴油机的功率覆盖面为 300 马力至 1500 马力，发电机组的功率覆盖面为 200 千瓦至 1000 千瓦，常年供应市场的品种有 34 个，且广泛应用于工矿、农牧、船舶、国防、广播、电信、水利、铁路、旅游等行业。产品遍销国内各省市（约占总产量的 15%）和亚、非、欧等 30 个国家和地区。

我唯一所见到的该厂产品，是在万州区的清平机械厂之中：2021 年初夏的一天下午，重庆三线两会组团来到万州地区的清平机械厂参观考察，该厂曾林总经理令相关人员打开尘封多年的配电室，步入其中，一台红岩机器厂

生产的发电机组默默地沉睡在那儿……

时光倒回一百余年：1919 年，满师出徒的顾增祥，与友人凑集资金 300 元，在无锡开设了顾聚兴机器厂，购买四呎手摇车床一辆，妻子摇车，顾增祥自任业主兼车工，制造轻纺机机械配件。30 年代初，他添进车床、刨床，雇工制造烧球式柴油机。

1929 年，无锡冯顺锠机器厂的技师谈家骏，召集股东 20 多人，筹措大米 2000 石，创办无锡合众铁厂，以修造柴油机为主业。

同年，陈荣昌机器厂、祥兴机器厂、万昌机器厂等相

继开业，虽然规模都不大，但已有仿造国外柴油机的技术和经验，且得以勉强维持生计。

直至 1950 年 10 月，新的社会环境到来，合众铁厂、大达铁厂、中一铁工厂、信丰机器厂、广兴机器厂、祥兴机器厂、陈荣昌机器厂 7 家联营，成立无锡市机器制造工业第一联营处，以制造柴油机为主。

新组建的第一联营处，共有金属切削机床 110 台，职工近 300 人，资金约 7.59 亿元（旧币）。到 1955 年末，该联营处共生产了 20 马力至 80 马力的柴油机、煤气机 674 台、17260 马力。1955 年 12 月，无锡市机械、翻砂业全行业公私合营，以该联营处为骨干，加上翻砂、锻铁、木模、钣金、电焊、电机等工厂和工场共 59 家，配套成龙，组成公私合营无锡动力机器制造厂，次年改为国营企业，名曰"国营无锡动力机厂"。

该厂主产品为 115 系列和

① 红岩机器厂办公楼
② 红岩机器厂光荣台遗址
③ 红岩机器厂厂区遗址

120 系列柴油机，功率从 24 马力至 60 马力，主要用于农业排灌。又在 1957 年自上海汽轮机厂移植了 250 型 300 马力柴油机，此为该厂较为先进的二代产品，于 1960 年开始批量生产。

为了发展农业机械，国家对该厂投资了 1063 万元，从 1956 年生产的小马力柴油机 1.72 马力，发展为大马力柴油机 3 万马力。初创的九年时间，无锡动力机厂总产量为内燃机 11538 台、565.27 万马力，产值 14.587 万元，利润 3.544 万元，为江苏无锡最优秀的企业之一。

1964 年秋，为了加强三线建设，国家决定将军民两用的 250 系列柴油机生产迁至重庆市北碚区歇马场原北碚钢铁厂的废址上，新建红岩机器厂。原定无锡动力机厂人员、设备全迁，后改为留下 304 人，保留建制和原厂名，实际内迁 1494 人。又由

① 红岩机器厂生产车间遗址
② 红岩机器厂生产车间遗址
③ 红岩机器厂生产车间遗址
④ 红岩机器厂生产车间遗址
⑤ 红岩机器厂生产车间遗址
⑥ 红岩机器厂篮球场遗址

①

②

河南省洛阳拖拉机配件厂迁来339人。

红岩机器厂于1965年2月开工，同年10月竣工。

设备自无锡搬迁440台，新增357台；人员在5月陆续动身，8月基本到齐，10月投产，红岩机器厂成为全国三线建设"当年基建，当年搬迁，当年投产，完成当年生产任务"的样板工厂。

从1965年1月至1971年1月，红岩机器厂先后为八机部、一机部的直属企业。1971年2月，该厂下放到四川省机械局进行管理，同年12月，再下放至重庆市机械工业局。

1965年至1966年上半年，工厂利索地完成迁建和全面投产任务，并确定要在1966年达到质量一等品，产量200台，并研制4000马力大功率柴油机，创造"大庆式"企业，但因"文化大革命"影响，企业生产秩序被冲乱。1966年下半年至1973年上半年，企业陷入动乱的旋涡，生产处于半瘫痪状态，逐渐成了一个"老大难"

单位，亏损达 370 万元之巨。

从 1973 年 7 月至 1978 年 12 月，企业结束军管，调回并使用了一大批原来红岩机器厂的干部，生产开始有了新的起色，不仅扭亏为盈，还上缴了 394 万元利润。

1979 年至 1983 年，红岩机器厂实现了由生产型向生产经营型转轨的时代跨越，品种由 10 个发展到 34 个，其中 X6250Z 型 1200 马力柴油机的设计和研发，还获得了全国科学大会奖状。主产品 6250Z 型 450 马力柴油机在 1982 年获国家银质奖。

1983 年，该厂完成工业总产值 2052.81 万元，利润总额 375.38 万元，上缴利润 248.56 万元，时有职工 2783 人。

① 红岩机器厂生活区遗址
② 红岩机器厂生活区遗址
③ 红岩机器厂生活区遗址

第03节　国营华伟电子设备厂

国营华伟电子设备厂位于重庆市北碚区歇马场，是总参通讯兵部所属定点生产通信广播设备的骨干企业。该厂主要生产数字通信设备、无线电话对讲机、调频广播收发信机，500瓦、750瓦、3000瓦小型汽油发电机组、摩托车发动机、心脏起搏器等产品。到1985年末，有职工1200人，其中工程技术人员206人，建筑面积9.8万平方米，各类机器设备、仪器仪表1410台（套）。

1966年7月，总参通信兵部从南京调来了6902工厂

的油机车间。1970 年 1 月又迁来了电信车间，利用原歇马重庆通讯兵技术学校场地进行扩建。当时只有职工 150 人，固定资产 178 万元，年产值 34 万元。1973 年，年产 3000 台汽油机生产线建成投产。1975 年该厂广泛采用 CMOS 集成电路，用于通信设备的研制和生产。

1980 年，该厂研制的 A350–3B 通信机定型后投入生产；9 月，该厂参加"嘉陵摩托车经济联合体"。1981 年，该厂的摩托车发动机生产线建成投产。1983 年，钛壳引伸工艺用于心脏起搏器生产。1985 年，经全国小型汽油机产品质量检测中心站检测，该厂研发的 50 型汽油发动机 9 项技术指标，全部达到 20 世纪 80 年代国际水平，获国家优质产品金奖。

从 1967 年到 1985 年，该厂生产的各种产品总量达到了 1238909 部（台），总产值 18491.31 万元，上缴税金

① 国营华伟电子设备厂大门
② 国营华伟电子设备厂旧址
③ 国营华伟电子设备厂旧址

173.3 万元。除 GJ-50 型汽油发电机组获国家优质产品金质奖外，1978 年，该厂生产的 702ALKW 汽油发动机组还荣获全国科学大会奖。1984 年，YCP-Ⅱ 型心脏起搏器获总参通讯兵部优质产品奖。

1985 年，国防科工委授予该厂"厂际质量保证体系优秀单位"，国家二级计量企业。1982 年至 1985 年连续 3 年被评为重庆市文明单位。到了 1985 年，该厂的产品业已上了一个大台阶，主要产品 CJ50 型汽油发动机，750 瓦和 1000 瓦汽油发电机组、MF 调频广播发射机和 MCS 接收机、MDY-206 手持无线电对讲机等移动电源和数字通讯设备，已广泛应用于国防、公安、地质、医疗、能源和交通等部门。

1985 年，该厂生产的 A350·3B 通信机获总参通讯兵部优质产品奖，另获部优产品 2 个、市优 3 个；部级科技成果奖 2 个、省级 2 个、市级 2 个。1985 年，该厂设有 1 个分厂、7 个车间、129 个生产班组，附加 1 个集体工厂，1 个劳动服务公司和 1 所通讯兵部直属工厂技工学校。

① 国营华伟电子设备厂厂区一角
② 国营华伟电子设备厂厂区一角
③ 国营华伟电子设备厂俱乐部旧址
④ 考察组人员在国营华伟电子设备厂考察调研

第04节　四川灯具厂

四川灯具厂是轻工部定点专业生产民用、军用照明器具的国营企业，是西南地区最大的照明器具生产厂，隶属于重庆市家用电器工业公司。

1967年，国家计委决定内迁上海人民灯具厂前往重庆市北碚区。1968年，轻工部投资300万元，在北碚区东阳镇石子山建厂，生产为三线军工企业配套的照明器具。

1971年9月，主体工程刚竣工，上海人民灯具厂、上海东风照明器材厂、上海长征灯具厂的部分工人和技管人

①

员共计 123 人奔赴北碚，同时带来技术资料、施工图，还有生产设备 69 台，检测设备 11 台。当年 11 月正式投产工矿灯具，完成了轰轰烈烈的建厂任务。

从 1973 年至 1976 年，防水防尘灯、61 指挥仪夜间照明灯具、舞台聚光灯具等产品先后投产。1979 年，ZMJ−4.63 式、ZMJ6.67 式军工照明器具投入批量生产。当年交付 1715 套。1981 年，重庆长江大桥桥面的大型玉兰花装饰灯具交付使用。它真的是让我们当年的重庆市民"眼睛一亮"。

1982 年，该厂开发的 CJ−50 型摩托车全套灯具投入批量生产。1984 年，该厂研发的 500W 工矿筒式投光灯、荧光灯系列投入量产。这样，四川灯具厂的工矿灯、投光灯、荧光灯、摩托车灯、庭院灯、军工灯等 5 大系列 84 个品种，就为企业的产成品形成了自己独具特色的谱系。

① 四川灯具厂大门
② 四川灯具厂后勤车间
③ 四川灯具厂厂区一角

1985年，该厂拥有职工236人，其中工程技术人员16人，各类生产设备184台，检测设备32台。固定资产原值328.6万元，净值189.43万元，工厂占地面积37000平方米，其中生产用房9771平方米，全厂计有科室12个，并设有光源测试室和技工学校各一所。全年完成生产总值729.33万元，实现利润65万元。

据相关资料统计，1972年至1985年，该厂共完成工业生产总值为2762.46万元，创造利润155.32万元，上缴税金131.58万元。从1978年至1985年，生产各种照明灯具总量为171.49万套，产品行销四川、贵州、云南、重庆、河南等多座城市，为军工建设和四个现代化建设做出了突出贡献。

① 四川灯具厂家属区
② 四川灯具厂厂区一角

第05节 四川仪表总厂

四川仪表总厂是按照"小而专、小而精、小而成套"原则组建起来的、我国最大的一个仪器仪表工业基地；它是以全国机械工业生产工业自动化控制系统和装置为产品发展方向的骨干企业。该厂是原一机部为了加强三线建设，经国家统一安排，先后从上海、江苏、辽宁等沿海地区有关工厂，按照一分为二的方式，内迁新建而成的企业。

四川仪表总厂办公楼

四川仪表总厂原名西南仪表公司，为一机部四局在西南地区的派出机构。1965 年 2 月开始筹建，同年 7 月改名"四川热工仪表总厂"，由一机部和重庆市实行双重领导，以一机部为主。1971 年，其管理权限先下放至四川省，再下放到重庆市。1974 年，收归四川省机械工业局管理。1975 年更名为"四川仪表总厂"。

该厂在筹建期间，主要是生产从老厂带过来的产品，产品比较老化，水平不高，品种不全，作为自动化控制系统的心脏部分——电动单元、气动单元组合仪表，几乎还是空白，成套自配率不足 20%。1970 年9 月，重新制定了发展产品纲要，包括主机产品，仪表材料，仪表元器件，确定了在发展整机产品的同时，相应发展仪表制造技术的方针，即"以成套

① 川仪新家——蔡家四联集团
② 川仪新家——蔡家四联集团
③ 川仪新家——蔡家四联集团
④ 川仪新家——蔡家四联集团
⑤ 两江新区之川仪股份

④

⑤

两江新区之川仪股份公司大门

为龙头，以仪表元器件、仪表材料为基础，以工业协作为保障"的生产体系。

1975年5月，四川仪表总厂选定了"两单一机"（即电动单元组合仪表，气动单元组合仪表和工业机器控制仪表）为品种发展方向，并组织了电动单元组合仪表7个单元、64个品种的协作攻关。到1978年，累计完成新产品试制275项，自动化仪表12大类产品基本上都能生产出来。

1980年5月，该厂又选定了36个品种、69个规格的电动单元 III 型仪表产品。在开发新产品的同时，采取

新建电子调节器和按照工业相近的原则对已投产的分厂进行技改，以扩大电动执行器、变速器、检测仪表、仪表控制盘的生产能力。通过以上手段，实现了产值、利润同步增长。

1988年，四川仪表总厂有22个分厂、2个研究所、4所学校；职工共计9240人，其中工程技术人员1282人；拥有固定资产原值17294万元，主要生产设备3087台，建成6条自动化、半自动化生产线；实现工业总产值27273万元，实现利税5459万元。

第06节　四川仪表一厂

　　1964 年 1 月，第一机械工业部（简称"一机部"）党组向李富春、薄一波副总理和中共中央写了《关于迅速发展和加强仪器仪表工业的报告》，并指出仪器仪表工业已经成为当前机械工业中突出的薄弱环节，随即一机部四局提出了《调整一线、建设三线初步规划》。同年 9 月，由一机部副部长白坚带队实地考察，在比较之后，拟定了重

四川仪表一厂大门

庆仪表材料厂的设计任务书。

1965 年，一机部报经国家计委批准，将新建重庆仪表材料厂列为西南仪表工业基地建设的首批项目。1966 年，由当时全国仪表材料最大的生产厂——上海同仁合金厂一分为二，投资 684.4 万元，内迁476 名职工，内迁设备 276 台，计划年产仪表合金材料 51.8吨，主要有热电偶材料、电阻材料、弹性材料等。

1966 年 5 月 16 日，由胡良平、施萍同志带队，率 400余名内迁职工及随迁家属，乘江轮离开上海，于 29 日抵达重庆仪表材料厂。随后由胡良平同志任党委副书记，施萍同志任副厂长，组成生产领导班子，立即投入紧张的试生产工作。7月 1 日，仪表材料厂正式投产，成为四川仪表总厂系统第一个完成内迁任务、第一个投产的

① 四川仪表一厂大门标识
② 四川仪表一厂车间老库房
③ 四川仪表一厂车间遗址
④ 四川仪表一厂生活区
⑤ 四川仪表一厂生活区

④

⑤

第一章　重庆市北碚区企事业单位

工厂。

　　2022年4月21日下午，重庆三线两会组团来到1975年更名为四川仪表一厂的原重庆仪表材料厂考察调研，第一批随迁职工、今年86岁的卢志寿老人告诉我们：建厂初期，仪表材料厂生产的是他们从上海带过来的5个大类、25个品种的合金材料，18.41吨，产值334万元。1970年达到设计能力，生产合金材料60.7吨。

　　1971年该厂扩建热轧车间。1975年产量达113吨。1981年进行技术改造，自行设计、制造，安装大漆包、铂坩埚、扁平电缆3条新工艺生产线，扩大了生产能力。1985年，年产13大类、160多个品种的合金材料230.86吨；时有796名在册职工；工业总产值5361万元，利税总额1304万元，固定资产原值1250万元，房屋建面4.3万平方米。

　　四川仪表一厂从一个单纯生产仪表材料的专类企业，经过改革开放之后，发展到生产电子元件和测温仪表材料，成为全国生产仪表合金材料的骨干企业。其主要的合金材料有测温材料、电阻材料、电热材料、触头材料、弹性材料、弥散强化铂坩埚等。其中的弥散强化铂坩埚既具有较好的高温强度，又能节省贵金属铂50%左右，先后获一机部、国家科委技术进步奖。

① 四川仪表一厂生活区
② 四川仪表一厂生活区
③ 四川仪表一厂生活区
④ 四川仪表一厂生活区

第07节　四川仪表二厂

①

1965 年 9 月 25 日，一机部第二设计院向一机部四局报告，提出了建设转速仪表厂的建议；当年 10 月 18 日，一机部下达了由上海转速表厂一分为二、内迁重庆的指示，由四川仪表二厂移植生产。

1966 年 8 月 5 日，由王树南、卢盛余同志带队，上海转速表厂内迁职工 60 名，随迁职工 12 名离开上海。到重庆后，组成由王树南同志任书记、卢盛余同志任副厂长的领导班子，于 8 月 18 日正式投入生产。

1970 年，四川仪表二厂的转速表产量达 10199 台。电动转速表投产后，离心式转速表产量逐年下降，1985 年生产 4589 台，占全国产量的 50%。而另一产品 LMY-1 型气表，由该厂 1975 年推出，次年开始量产；1980 年以后产量逐年上升，1982 年最高产量达 42438 只，1975 至 1985 年，累计生产了 12 万只。

1970 年，该厂开始加大科技投入，试制主要用于远距离测量各种发动机和动力机械转速的电动转速表，并逐渐下调了离心式转速表的生产能力。1971年投入批量生产，1985年产量达到了6374套，占全国总产量的40%。同年，该厂拥有职工296人，工业总产值503万元，利税总额155万元，拥有固定资产原值302万元，房屋建筑面积1.8万平方米。

① 四川仪表二厂大门
② 四川仪表二厂内门一侧
③ 四川仪表二厂生产车间
④ 四川仪表二厂工作区

第08节　四川仪表三厂

　　四川仪表三厂的前身叫作"四川热工仪表总厂自动化装置厂"，又叫"控制盘厂"，它是一机部西南工作组于1966年9月28日批准的、包括自动化装置厂等6个项目在内的扩初设计项目之一，由上海和平仪表厂（又称"上海自动化仪表一厂"）对口内迁，生产纲要是年产仪表控制盘2000面，并于1970年1月建成投产。

　　控制盘仪表又叫显示仪表，它是自动化仪表中最主要的一类产品。重庆市生产的显示仪表占全国自动化仪表工

① 四川仪表三厂迁至川
　仪十二厂址
② 四川仪表三厂生产厂
　区
③ 四川仪表三厂生产厂
　区
④ 四川仪表三厂生产厂
　区

①

②

业总产值的四分之一。四川仪表三厂与时俱进，在第一时间新开发了 XSZ 系列数字显示温度仪和 XMZ 系列数字仪表，以及 CS-3 型程序调节仪等产品。这些产品采用了集成电路元件，因而稳定性好，质量比较可靠。

四川仪表三厂的数字仪表品种有 25 个，年产量逐渐较当年生产纲要超过一倍，达到了 4000 面左右，占国内市场的 20%。

1985 年，四川仪表三厂拥有正式职工 425 人，实现工业总产值 707 万元，固定资产原值 611 万元，利税总额 291 万元，房屋建筑面积达 20000 平方米。

① 四川仪表三厂详址
② 四川仪表三厂门卫室

第09节　四川仪表四厂

1965年12月27日，国家计委、建委批准上海大华仪表厂以"一分为二"的方式迁往重庆，在四川热工仪表总厂内建立电子调节器厂，生产电动单元组合仪表和显示仪表。该厂又名"曙光仪表厂"，1975年更名为"四川仪表四厂"。

1969年9月20日，上海大华仪表厂由吴琪、杨正兴、

温文娥 3 同志带队，率领职工 453 人，携带设备 414 台／套，于当月 28 日到达重庆，完成搬迁任务。

电子调节器厂组建后，由吴琪同志任革命领导小组组长，唐鑫发同志任副组长。受一机部委托，四川省机械局验收合格后，于 1970 年 10 月正式投入生产，既专业生产电子管式圆图记录仪，又同时进行晶体管式记录仪的试制。1970 年试产晶体管式长图、大圆图记录仪 1468 台，从而取代了电子管式记录仪成为工厂的主导产品。

随着产品的细化和提档升级，该厂晶体管产品品种和规格得以不断发展，先后开发了中圆图、中长图、小长图记录仪，以及条形指示仪、DXJ 型工业记录仪等品种。从 1980 年开始试制数字式仪表、计有八量程记录仪、多点数字温度显示仪、XM 数显温度仪、CYD-1 型多点数字打印机、图样显示设备等产品。但由于元器质量不好，产品故障率较高，始终未能形

成批量生产。

1984 年，四川仪表四厂引进了日本横河电机株式会社的 ER 工业记录仪和实验室记录仪的制造技术和全套生产线，次年生产了 2634 台，该产品具有国际先进水平，平均无故障间隔时间达到 5 万小时以上，高于国产仪表 5 至 10 倍，从而被定性为替代进口产品目录，并且代替了该厂原来的大长图、中长图等老产品，并向小型化方向发展。

四川仪表四厂开发的数字仪表中，多点数字温度显示仪、多点数字打印仪获四川省科委科技成果奖。后因军工配套任务减少，民用范围又比较窄，加上国内元器件配套等问题，没有形成量产。据相关部门统计，1984 年该厂

引进 ER 工业记录仪之后，次年产量就达到了惊人的 4011 台，为企业创造了不少经济效益。

2022 年 4 月 21 日，重庆三线两会组团考察了移址北碚区三花石镇的四川仪表四厂，接触到不少老职工，发现这些老同志对自己工厂多有感情。他们如数家珍地告诉我们：1985 年，有员工 741 人，固定资产原值 1182 万元，房屋建筑面积达到 4.3 万平方米，当年的工业总产值为 2417 万元，利税 741 万元。

① 四川仪表四厂生产科研区
② 四川仪表四厂生活服务区
③ 四川仪表四厂职工住宅楼一角
④ 四川仪表四厂职工住宅楼一角

第10节 四川仪表五厂

1966 年 2 月 17 日，根据一机部、国家计委批准的川仪系统设计任务书的意见，须按照以工艺流程自动化仪表为主，为化工、石油生产成套仪表的产品方向和"小而精、小而专"的企业组织结构原则，总厂筹备处拟定了包括建

设仪表电镀厂在内的总厂直属 38 个项目。同年 5 月 11 日，四川省建委根据国家计委授权，批准了这个计划。

按照国家统一安排，上海仪表电镀厂由冯云甫同志带队，率领职工 67 人，于 1970 年 6 月 22 日离开上海来渝，

① 四川仪表五厂大门
② 四川仪表五厂旧址
③ 四川仪表五厂生产
　区一角
④ 四川仪表五厂生产
　区一角

①

②

完成了搬迁任务。经过紧张的
筹备和施工，组建了四川仪表
电镀厂（根据仪表总厂的排序，
又称"四川仪表五厂"）。同年
10月，该厂通过了四川省机械
局代表一机部组织的竣工验收
并投入生产。

在四川仪表五厂的建设过
程中，因仪表表牌生产的需要，
上海仪表表牌厂做出巨大牺牲，
随后也内迁入渝。

四川仪表五厂除自行设
计制造了孔金属化、镀铜、镀
铅、镀锡生产线之外，还兼产
仪表牌和无金属化孔和有金属
化孔的单、双面和平面印刷板。
1985年，该厂生产的各种印刷
线路板达到2785平方米，有员
工219人，固定资产原值334
万元，房屋建面12000平方米，
完成工业总产值255万元，利
税46万元。

① 四川仪表五厂挂牌标识
② 四川仪表五厂篮球场

第11节 四川仪表八厂

四川仪表八厂又称"川仪宝石轴承厂",它是全国生产宝石轴承的专业骨干企业。

1970年,上海仪表晶体元件厂由沈炳初、郑有恒同志带队内迁,率职工182人、设备59台／套,于11月21日离开上海,28日到达重庆,完成搬迁任务。该厂于1971年4月正式投产,由郑有恒同志任党的核心小组组

四川仪表八厂大门

①

长兼革委会主任，沈炳初同志任副主任。

　　该厂的主要产品有各种人造宝石，各类宝石轴承、宝石原件，主要用于电镀表，安装式电表，各类仪表可动系统的支承。为了满足各种高硬度、耐磨度等特殊材料需要，该厂还生产高精度宝石球、宝石棒、宝石片、柱塞泵、宝石喷嘴、宝石记录笔尖、集成电路基片、线切割机宝石导轮、打印机用宝石导针板等产品。

　　仪表轴尖、轴座，是电工、热工检测仪表、航空仪表的可动支承配套零件。该厂1985年轴尖、轴座的产量分别为1758万件和856万件，且轴尖在全国市场上的占有率为55%。1985年，该厂拥有职工420人，固定资产原值575万元，房屋建筑面积19000平方米，工业生产总产值658万元，完成利税146万元。

① 四川仪表八厂生活区一角
② 四川仪表八厂生产区一角
③ 四川仪表八厂生活区一角
④ 四川仪表八厂生产区一角
⑤ 四川仪表八厂周边区域

第12节 四川仪表九厂

四川仪表九厂，原名四川分析仪器厂。1966年3月22日，一机部四局通知调整布点规划，决定将原布点在湘西仪表厂的光敏元件厂和分析仪表厂改在重庆市北碚区布点。4月28日，一机部将南京分析仪器厂正式列入1966年搬迁重庆的年度计划项目。

原来计划是南京分析仪器厂全迁重庆，考虑到南京方

①

面的请求，1967年11月16日，一机部四局局务会决定，改全迁为"一分为二"；同时由一机部四局于寿松处长带领川仪总厂方智海、朱政同志去南京分析仪器厂，商定具体的搬迁方案。经商议，原生产纲领不变，内迁产品7个，内迁职工350—400人、设备88台。

南京分析仪器厂由孙国华、魏公同志带队，分三批内迁来渝，共迁来职工346人。第一批内迁职工于1969年6月24日离开南京，30日到达重庆。经过紧张的筹备和施工，1970年10月，四川省机械局受一机部的委托，对四川分析仪器厂进行了竣工验收，使之成为国家定点生产工业流程分析仪、电导终点仪、色谱仪、磁性分析仪等气体分析仪器的专业化工厂之一。

该厂投产初期，主要生产南京分析仪器厂的转移产品，其中有DD电导式分析仪器，

① 四川仪表九厂被改造后的大门
② 四川仪表九厂办公楼
③ 四川仪表九厂被改造后的医院

COCO 微量分析仪、盐量计；DH 电法式分析仪，水中氧分分析仪，微量氧气分析仪，DJ 电解式分析仪，RD 热导式分析仪器，氢分析器，氢气报警器，测氢器，二氧化碳分析器，氨分析器、氩分析器等，统称为"工业流程分析仪器"。1971 年产量达 1060 台，创产值 321 万元。

1972 年，四川仪表九厂研制成功了 DD-03 电导终点仪，又名"氢离子交换器失效监督仪"。它能连续、自动监督和记录水处理设备中氢离子交换器中树脂的失效情况。该产品 1976 年投入批量生产后，销售稳定，1985 年产量为 100 台，累计产量达 1050 台／套。

1975 年，该厂开始研发 SC 系列色谱仪，到 1985 年，

SC 系列品种达到 17 种，累计产量 2182 台。1976 年开始研发的新产品系列还有 CJ-01、CJ-02、CJ-03 等 6 种规格型号，适用于各种工业生产和科研部门的安全防爆、节约能源、保证产品质量等方面。

1985 年，该厂拥有职工 656 人，固定资产原值 887 万元，房屋建筑面积 38000 平方米；完成工业生产总值 887 万元，利税 195 万元。

① 四川仪表九厂职工住宅楼
② 四川仪表九厂生活区
③ 四川仪表九厂生活区一角
④ 四川仪表九厂生活区环境

第13节　四川仪表十厂

四川仪表十厂，又名"仪表铸锻厂"。

1969年，一机部下达了包括铸锻厂在内的10个项目。上海仪表铸锻厂一分为二，由高福根、胡庆贵同志带队，于1971年6月28日离开上海，7月1日到达重庆，共迁来职工183人、设备34台／套。经过紧张的施工建设，同年12月23日，重庆市电子仪表工业局批准了仪表铸锻厂正式投产。高福根同志任革委会主任，胡庆贵同志任副主任。

①

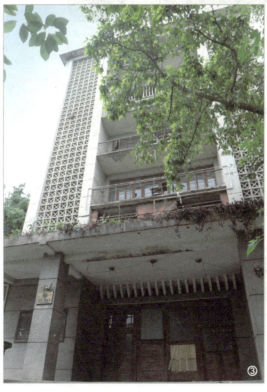

① 四川仪表十厂大门
② 四川仪表十厂生产
  车间一角
③ 四川仪表十厂办公
  大楼
④ 四川仪表十厂的地
  标水塔

四川仪表十厂是制造仪表铸锻件的专业厂，主要生产黑色金属铸造、有色金属铸造、熔模铸造、铸钢、锻钢等坯件，具备年产仪表铸件 1000 吨的生产能力。1985 年产量达到 827.7 吨，基本上能满足重庆仪表行业生产之所需。

去年和今年我分别去了一次四川仪表十厂，看见其生产积极性还是很高的。接待我们的厂负责人告诉我们说，川仪十厂比较注重企业历史和文化教育，职工的热情一直比较旺盛。据相关资料显示，1985 年该厂有职工 344 人，固定资产原值 536 万元，房屋建筑面积 23000 平方米，完成工业总产值 881 万元，利税 287 万元。

① 四川仪表十厂生产区一角
② 四川仪表十厂生产区一角

第14节 四川仪表十三厂

四川仪表十三厂原名"四川仪表胶木塑料厂"，由上海仪表塑料厂和上海仪表胶木厂内迁组建。

1973年2月，由潘鸿初、唐伟良同志带队内迁来重庆，时有57名上海技术骨干和管理人员。经过3个多月的紧张施工，四川仪表胶木塑料厂于1973年5月经验收正式投产，由唐伟良同志任党支部副书记，潘鸿初同志任革委会主任。

该厂是重庆仪表行业专业生产塑料、胶木件的配套协作厂，1973年正式投产后，至1985年，共生产塑料件4526万件，胶木件918万件，泡沫件16.25吨。"六五"期间，该厂引进了日本、联邦德国的塑料成型注塑机后，工艺水平达到国内先进水平，受到市场的认可和欢迎。

重庆三线两会于2021年、2022年组团去过两次，总的感觉，其生态环境建设相当到位，可谓标准版"花园式工厂"。1985年，该厂拥有员工203人，固定资产原值399万元，房屋建筑面积11000平方米，全年完成工业生产总值276万元，利税83万元。

四川仪表十三厂大门

① 四川仪表十三厂生产厂区及环境
② 四川仪表十三厂生产厂区及环境
③ 四川仪表十三厂生产厂区及环境
④ 四川仪表十三厂生产厂区及环境

②

③

④

第15节　四川仪表十四厂

四川仪表十四厂，原名"四川仪表模具厂"。

1966 年 9 月 28 日，一机部西南工作组批准了包括模具厂在内的 6 个项目的扩初设计。上海仪表钢模厂由殷锦波、曹良裕同志带队，于 1974 年 3 月开始陆续内迁，到

1975 年 12 月 22 日，共迁来渝职工 33 名，部分完成了内迁任务。

1976 年 1 月，四川仪表模具厂正式验收投产，由殷锦波同志任支部书记，曹良裕同志任革委会主任，李湘洲、

①

王玉衔同志任副主任。

四川仪表十四厂是制造仪器仪表工装、模具的专业化企业，主要制造各种冷冲模、成型模、模架等品种，除满足四川仪表总厂内部需要外，也承接了少量系统外的任务。1976年至1985年，该厂累计制造各种工装模具31592套。

2022年6月，在四川仪表十四厂拆迁期间，我们把其精华的化验室、计量室拿下，搬迁到重庆两江新区影视城进行博物馆式的建设，并经友好协商后托管了其技术档案。

据相关资料显示，1985年该厂拥有员工372人，固定资产原值219万元，房屋建筑面积19000平方米，实现工业总产值450万元，利税85万元。

① 四川仪表十四厂大门
② 四川仪表十四厂综合楼
③ 四川仪表十四厂生产车间

① 四川仪表十四厂生产区
② 四川仪表十四厂生产区

第16节 四川仪表十五厂

四川仪表十五厂，又名"四川毫伏计厂"。

1967年10月6日，一机部向国家计委报告毫伏计厂等8个项目的设计任务书，其总投资为1460万元，动迁职工1730人，并明确了毫伏计厂由上海巨浪仪表厂（即上海自动化仪表六厂）对口内迁，其生产纲领是年产温度指示仪、调节仪2万台。

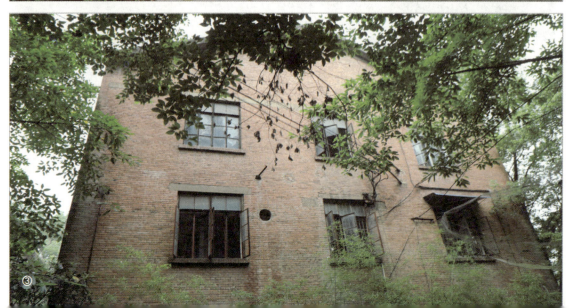

因受"文革"干扰，直至1976年，四川毫伏计厂才得以建成投产，并由刘文正同志任支部书记兼厂长，马张锦同志任副厂长。建厂之后，该厂即生产老厂内迁带过来的XC动圈仪表，年产量为1018台。1982年，该厂自行设计研制出XF动圈系列指示调节仪表。继后，又研制出DX系列产品。

从1976年到1985年，该厂累计生产动圈仪表4个系列、17.6万台。与此同时，还开发了XSZ系列数字显示温度仪和XMZ系列数字表，以及CS-3型程序调节仪等产品。

1985年，该厂拥有327名职工，固定资产原值425万元，房屋建筑面积19000平方米，完成工业生产总产值701万元，利税199万元。

① 四川仪表十五厂厂区一角
② 四川仪表十五厂厂区一角
③ 四川仪表十五厂厂区一角
④ 四川仪表十五厂厂区一角

第17节　四川仪表十七厂

四川仪表十七厂，原名"四川热工仪表总厂机修厂""人民仪表厂"。

1967年9月3日，一机部四局局务会议决定"合建专用设备厂和机修厂"，所以"川仪十七厂"这个番号一直空着没有用。三线建设调整时，1985年8月19日，四川仪表总厂向重庆市计委报告，建议将总厂综合仓库3000平方米改造为生产场地，具体的方案是：将四川仪表一厂测温仪表部分划出来，与引进的铠装热电偶制造技术进行

①

嫁接，建成年产铠装热电偶 5 万只、偶材 10 万米、热电阻 2 万只、电加热丝 8.5 万米生产能力的厂区，定员 200 人，改造工程投资 265 万元，从而建立新的四川仪表十七厂。

1985 年 9 月 24 日，重庆市经委、计委批准，将四川仪表一厂第六车间（测温仪表车间）划出，单独建立四川仪表十七厂，直属总厂管理。自此，四川仪表总厂暂缺的十七厂被补齐。同年 11 月 15 日，四川仪表总厂下达设计任务书，项目总投资 865 万元，其中引进部分 600 万元由贷款解决，其余 265 万元自筹，生产纲领项目建议书不变，年产值 870 万元。

① 四川仪表十七厂大门
② 四川仪表十七厂生产车间
③ 四川仪表十七厂生产车间一角

第18节 四川仪表十八厂

1975年，为适应天然气净化脱硫装置采用新型成套自动化仪表的需要，四川仪表总厂和重庆工业自动化仪表研究所通力合作，跨越国产II型，直接研制电动单元组合III型仪表。先后共开发出7个单元、70个机型品种、335个规格，于1980年5月通过了部级鉴定。

电动单元组合III型仪表具有体积小、功耗低、温漂小等优点，并可与气动单元组合仪表，数据处理装置，工业控制计算机联合使用，获得了一机部科技成果二等奖。

为了扩大生产规模，四川仪表总厂将原来的机修厂投资 310 万元，改建为四川仪表十八厂，专业生产电动单元组合 III 型仪表。其设计能力为年产 10000 台。

1981 年正式投产后，四川仪表总厂又将这个系统拆分为 8 大类型，进一步细化川仪系统内部的生产协作，使其产量翻了 1 倍，达到了 20000 台，其中四川仪表十八厂生产 13000 台。

1985 年，该厂拥有职工 321 人，固定资产原值 652 万元，房屋建筑面积 2 万平方米，年工业生产总值 1238 万元，利税 442 万元。

① 被开发后的四川仪表十八厂
② 被开发后的四川仪表十八厂

① 被开发后的四川仪表十八厂
② 四川仪表十八厂车间遗址

第19节　四川仪表十九厂

1978年1月，由于四川仪表一厂的合金材料和磁性材料生产车间（由上海同仁合金厂和上海磁钢厂分别援建）相隔较远，其生产工艺、产品销售渠道均不相同，为便于生产管理，主管部门决定将磁钢部分划出来，成立四川仪表十九厂。

川仪系统合金材料和磁性材料的分家，调动了四川

四川仪表十九厂大门

仪表十九厂的积极性，1978年，该厂在国内率先投产可加工铁铬钴的新型永磁材料系列。1979年，生产各类磁钢达创纪录的215吨，并首次在"广交会"上展出了3个系列产品。1981年，该厂第一批5000件磁钢出口香港，并入列四川省第一批《出口机械产品质量保证生产企业名录》。

1985年，该厂引进日本铝镍钴磁钢制造技术，使产品质量和技术都达到了一个新的水平。其产量占全国总产量的10.8%，年产磁性材料能力达到了217吨。是时，该厂拥有职工300人，固定资产原值389万元，房屋建筑面积18000平方米，年生产总值1010万元，利税278万元。

① 四川仪表十九厂生活区
② 四川仪表十九厂住宅小区
③ 四川仪表十九厂车间一角
④ 四川仪表十九厂生态环境
⑤ 四川仪表十九厂生产区

④

⑤

第20节 四川仪表二十厂

为了发挥川仪的系统优势资源，更好地为用户提供成套、成系统的服务，四川仪表总厂决定，于1979年成立川仪电气成套分公司，即四川仪表二十厂。

在组建阶段，该厂以典型成套为目标、单机成套为主要服务形式，搞小型系统成套，第一个成套项目是简阳氮肥厂仪表系统。从系统设计、成套供货、技术培训、现场指导提供了"一条龙"服务，受到客户好评。

1980年至1984年，随着川仪电动单元III型组合仪

①

① 四川仪表二十厂
　大门
② 四川仪表二十厂
　办公区一角
③ 四川仪表二十厂
　办公区一角
④ 四川仪表二十厂
　办公区一角

表的投产，该厂调整了产品结构和服务方向，使产品服务由原来少数几个行业，扩大到石油、化工、冶金、轻纺等13个行业，成套销售金额也由1980年的323万元提高到1984年的1998万元，且成套自配率也由50%提高到了75%。

从1985年开始，该厂瞄准65吨锅炉、1200立方米高炉、750吨转炉，日产2×200万立方米天然气净化厂、日产60万立方米煤气的生产厂、5万—30万千瓦火力发电厂等工程，提供自动控制系统和装置。1985年承接的大中型成套项目11个，完成销售收入2300万元。

① 四川仪表二十厂生产区
② 四川仪表二十厂生产区一角

第21节　四川仪表二十一厂

四川仪表二十一厂，即原"西南游丝厂"。

1964年11月9日，一机部批准了四局提出的建立西南游丝厂设计任务书，并于12月23日，由四川省机械厅通知重庆市机械局，抓紧工作。为此，上海游丝厂一分为二，内迁职工59人，内迁设备69台／套，整个项目计划再注入资金49.9万元，并于1966年首批建成投入生产。

四川仪表二十一厂

①

②

③

西南游丝厂的设计能力为年产仪表游丝 200 万件，1966 年当年就生产了 122.25 万件。1969 年充实研发设计能力，年产量达到 436 万件。1971 年，一机部又拨给该厂技措费 65 万元，进行技术改造，以期进一步扩大产能，并努力开发钟表游丝，更好地发挥其主观能动性和经济效益。

该厂不断开拓，勇于创新，到 1985 年年产游丝 1801 万只，从 1966 年到 1985 年，累计生产 180 多个品种规格的游丝达 1.4 亿只。

1985 年，该厂拥有职工 271 人，固定资产原值 301 万元，房屋建筑面积 11981 平方米，全年完成工业生产总值 233 万元，利税 75 万元。

① 四川仪表二十一厂综合楼
② 四川仪表二十一厂厂区一角
③ 四川仪表二十一厂厂区一角
④ 四川仪表二十一厂厂区一角
⑤ 四川仪表二十一厂周边环境

第22节　四川仪表二十二厂

　　四川仪表第二十二厂，即"西南仪表零件厂"。

　　1965年8月27日，经一机部四局批准，由上海新都仪表零件厂迁渝98人，68台／套设备，并由国家投资62.2万元，于1966年6月建成投产。其设计能力为年产轴尖60万件，轴座30万件，紧固件1000万件。

　　投产初期，西南仪表零件厂年产量只有494万件。随着工业自动化仪表发展的需要，该厂增添了进口检测仪器，完善和扩大了封闭加工生产工艺，使产品在同行业中独具

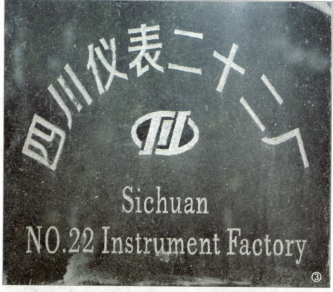

① 四川仪表第二十二厂大门
② 四川仪表第二十二厂综合楼
③ 四川仪表第二十二厂挂牌标识
④ 四川仪表第二十二厂挂牌标识

特色。1970 年产量达到 1600 万件，超过了设计能力。所生产的"古塔"牌轴尖，1983 年获四川省计经委优质产品称号。

1985 年，该厂产品达 370 多个规格，产量 4100 万件，轴尖、轴座国内市场占有率达 42%，紧固件占 12%，并与全国 150 多家仪表整机厂建立了协作配套关系。同年拥有 279 名员工，固定资产原值 269 万元，房屋建筑面积 12456 平方米，年产值 196 万元，利税 87 万元。

① 四川仪表第二十二厂生活区
② 四川仪表第二十二厂综合楼

第23节　重庆煤矿安全仪器厂

作为煤炭部三线建设项目，该厂于 1966 年由辽宁省抚顺煤矿安全仪器厂分迁来渝，定址于北碚区龙凤二村。

建厂初期，该厂以生产救护仪器为主，后逐步发展为救护仪器与预防仪器两大类产品。预防仪器有瓦斯遥测警报仪系列产品，车载式瓦斯警报断电仪系列产品，TP–200 监控系列，测风速流量系列产品，便携式甲烷检测报

重庆煤矿安全仪器厂正门

警器，高中速风表及甲烷检测元件等。

该厂生产的救护仪器有氧气呼吸器系列产品、氧气呼吸器校验仪、空气呼吸器、压缩氧自救器、化学氧自救器、一氧化碳检定器、标准甲烷气样和医疗气瓶等系列产品。主导产品 AYJ-1 型瓦斯遥测警报仪，1984 年获得国家银质奖，产品畅销全国，部分救护仪器已进入国际市场。

该厂之产品，除主要用于矿山救护、安全监测和生产监控之外，也适用于冶金、化工、石油、医疗、消防等部门。

1985 年，该厂拥有职工823 人，房屋建筑面积 46247平方米，固定资产原值 895 万元，全年完成工业总产值 1534万元，实现利税 469 万元。

① 重庆煤矿安全仪器厂原建筑
② 重庆煤矿安全仪器厂生产车间
③ 重庆煤矿安全仪器厂生产车间一角
④ 重庆煤矿安全仪器厂综合楼
⑤ 重庆煤矿安全仪器厂综合楼

第24节　重庆水文仪器厂

重庆水文仪器厂是全国唯一研制和生产水文仪器的专业企业，隶属于国家能源部、水利部机械局。

这个厂的前身是国民政府时期的重庆水文仪器厂，于1941年在重庆市上清寺建成，隶属于当时的经济部。抗张胜利后，1946年从重庆迁往南京。

1964年，原国家水利电力部为了加强三线建设，批准南京水利电力仪表厂水工分厂内迁重庆，在北碚区澄江镇新建分厂。该分厂于1966年初破土动工，1968年12月竣工。

①

1969年，南京水利电力仪表厂水工分厂开始内迁，1970年投入生产，被正式定名为"水电部重庆水文仪器厂"。1983年经水电部批准，又在北碚龙凤桥修建新厂，总投资1100多万元。新厂于1988年建成。该厂主要生产流速流量、流向、水位、雨量、泥沙、水深、水温和水工模型等类测验仪器。此外，还生产地质地震，环境保护测验仪器以及微型汽车转向器总成等产品。

自1970年投产以来，重庆水文仪器厂先后自行研制和批量生产SB-2型超声波水位计、深水测温仪、LS-45型浅水低流速仪、缆道泥沙采样仪等。除此之外，还研发生产LS-25-3型旋桨式流速仪、WML型微电脑明渠流量计、YDY-01型月计雨量计、SWY20型月计水位计等产品。这些产品的研制成功和批量生产，填补

① 重庆水文仪器厂大庆沟旧址
② "千万不要忘记阶级斗争"
③ 重庆水文仪器厂大庆沟生产车间遗址

①

了我国水文测量、环境监测方向的空白，随即该厂形成了水文仪器、环保计量等系列产品。

该厂从1970年起由重庆市电子仪表工业局代管，1987年，转由重庆市机械局代管。

截至1988年底，重庆水文仪器厂累计生产了各种水文仪器18万台套，广泛应用于水文测量、水利工程、地质勘探、地震预报、气象观测、环境保护、农田灌溉、海洋调查和科学实验等各个方面。由于该厂生产的产品质量较高、制造精良、稳定可靠，特别是其流速仪具有较高的水平，除畅销全国外，还出口到了欧洲及亚非拉等国家和地区。

重庆水文仪器厂下属2个分厂、2个研究室和1个新产品开发中心。1988年全年完成工业生产总产值260万元，实现利税45万元。1988年底，该厂拥有职工471人，其中专业技术人员144人，拥有固定资产原值1813万元，净值1567万元，主要生产设备357台，检测设备143台。

现今该厂在北碚有两个厂址，一个是三线建设时期的澄江镇大庆沟旧址，占地 57000 平方米；一个是龙凤桥新址，占地 40000 平方米。

① 重庆水文仪器厂大庆沟旧址
② 重庆水文仪器厂礼堂内的遗迹
③ 重庆水文仪器厂"天桥下"

第25节　重庆试验设备厂

　　该厂是原一机部为了加强三线建设，委托重庆市机械局、四川热工仪表总厂筹备指挥部负责筹建的新建企业。

　　1966年，由上海试验设备厂"一分为二"内迁61人，设备27台，投资35万元，与重庆山城仪表机器厂合并；1972年，又由上海冲压件厂、上海烘漆厂内迁部分职工，组成重庆试验设备厂。

　　该厂在1978年以前生产的产品，主要是内迁时从上海带过来的10余种产品。1978年以后，该厂逐渐更新、

开发了 42 种产品，其中在全国独创的就有 19 个品种，主要技术达到或接近国际 70 年代末、80 年代初的水平。有 10 个产品分获国家、部、省、市科技成果奖，有 3 个产品为国家推荐的替代进口产品目录。

1988 年底，该厂拥有职工498 人，其中工程技术人员 63人；拥有固定资产原值 778.7万元，占地面积 2.6 万平方米，其中生产建筑面积 2.3 万平方米；主要生产设备 119 台，其中金切机床 49 台，进口科研设备 9 台。全年完成工业总产值1250 万元，实现利税 301.4 万元。

① 重庆试验设备厂之新名称
② 重庆试验设备厂生产区一角
③ 重庆试验设备厂车间一角

① 重庆试验设备厂
   库房区
② 重庆试验设备厂
   办公区
③ 重庆试验设备厂
   综合楼

第26节 重庆光学仪器厂

重庆光学仪器厂的前身是重庆市市中区光学仪器厂，创办于1958年8月。1959年12月红旗钟厂并入之后，有职工84人，主要生产一些教学用的低倍生物显微镜和金相显微镜。1962年显微镜生产中断，该厂转产小商品和承接仪器修理工作。1964年1月，该厂正式更名为地方国营重庆光学仪器厂；同年8月，迁到北碚区歇马进行

重庆光学仪器厂

扩建。

1964年，一机部将该厂列为国家重点项目——"重庆仪器仪表基地"配套厂，正式下达光学显微镜试制任务，并纳入三线建设总体规划。在"三五"期间，国家投资220万元进行扩建，到1970年扩建工程完成，初步形成XSB-2型生物显微镜光学产品的生产，从而结束了四川省不能生产光学显微镜的历史。

1976年，该厂自行设计的XSZ-2型中级生物显微镜问世，以后又陆续研发了双目、摄影、投影、描绘、落射荧光、电视摄像、相衬、暗场等配套件。可组成各种单独

功能的专用显微镜。

1988年底，该厂拥有职工1026人，其中工程技术人员139人，占地5.18万平方米，固定资产原值1111万元，且建有自己的显微镜应用和光电仪器2个研究所。1988年全年完成总产值1516.4万元，利税376.5万元。

① 重庆光学仪器厂办公楼
② 重庆光学仪器厂生产车间
③ 重庆光学仪器厂厂区一角
④ 重庆光学仪器厂综合大楼

④

第二章　重庆市北碚区企事业单位

第27节 重庆电度表厂

重庆电度表厂创办于 1966 年 3 月。原先是一家街道企业。

建厂初期，北碚区澄江镇街道决定将街道的修表组、铁箱组、零件加工组合并到电表组，并拨给生产用厂房 73 平方米，主要从事简单的加工和电工仪表修理，并定名为澄江电度表厂。

1970 年，该厂开始试制 DD5 型单相电度表，且于 1973 年试制成功，当年量产 300 只。

①

该厂围绕86系列电度表，投入490万元，于北碚区龙凤镇进行易地改扩建，建筑面积7.298万平方米。

　　1988年，该厂拥有职工326人，其中工程技术人员5人，拥有固定资产原值233.6万元。全年生产各种电度表51万只，完成工业生产总值1153万元，实现利税151万元。

① 重庆电度表厂现大门
② 重庆电度表厂生产车间
③ 重庆电度表厂综合楼

第28节　重庆衡器厂

重庆三线两会在"跑北碚"的两个月时间内，几次路过重庆衡器厂，我们都没有进去，也没有把它纳入三线企业这个范围。后来发现，有不少的三线企业使用的衡量器具，包括地上衡、地中衡都是重庆衡器厂的产品，使用情况还多好的，于是我们决定去看看了。

据《重庆仪表工业志》介绍，作为称重仪表的度量衡器，最早是由重庆化龙桥机器厂生产的。三线建设刚开始不久的1966年，重庆化龙桥机器厂将自己的衡器部分转出来，

①

在北碚建设了新的重庆衡器厂。建厂初期，该厂主要生产日用衡器，1968年该厂停止了日用衡器的生产，专业从事地中衡、地上衡产品的开发和生产。

1971年，重庆衡器厂开始研制生产各种专用称，产品向电子化、智能化方向发展。到1985年，该厂年产大型专用衡器638台，在四川省的市场占有率达36%。1985年，该厂拥有职工301人，房屋建筑面积21069平方米，工业生产总产值327万元，利税82万元，同时拥有固定资产原值455万元。

① 重庆衡器厂生产车间
② 重庆衡器厂综合楼
③ 重庆衡器厂车间一角

① 重庆衡器厂家属区
② 重庆衡器厂家属区
③ 重庆衡器厂家属区

第29节 重庆体温计厂

重庆体温计厂是三线建设时期，原国家卫生部、轻工部、商业部 3 部委定点在西南地区唯一生产检测人体体温的专业化体温计厂，也是当时全国体温计四大支柱生产厂家之一。该厂于 1969 年开始筹建，1974 年建成并正式投产。

1970 年，由四川省卫生局委托重庆市轻工局玻璃陶搪瓷工业公司代管，第一厂名叫作"重庆体温计注射器厂"。1972 年，该厂更名为"重庆体温计厂"。1980 年 11 月，由重庆轻工业局移交给重庆医药管理局。

体温计厂在我的记忆中有两个美丽情景：第一个是重庆市全医药行业团委 80 年代的文艺汇演，我厂的双人舞《在水一方》荣获大奖；第二个则是西南合成制药厂团委书记调过去，做了体温计厂的"一把手"，他名叫史建一，我们关系多好的。

重庆体温计厂的设计规模为年产各种体温计 100 万支，注射器 50 万支，总投资 300 万元，职工 300 人。1970 年 12 月，该厂生产出第一批人用体温计，后因"土法"生产中"三废"排放严重超标而停止生产。

1974 年，体温计正式投入生产，当年产量 22.52 万支。全年亏损 16.95 万元。注射器由于产品售价低，玻璃管料

重庆体温计厂办公楼大门

①

②

供应难度大而一直未上马。为扭转亏损局面，1975 年 7 月，重庆市轻工局批准，将北碚玻璃仪器厂生产的 WNY、WNG 系列工业、科研用温度计移交该厂生产。1978 年，体温计年产 100 万支，方才达到设计规模。

1980 年，该厂试制生产 WXG 系列可调式电接点温度计。此产品 1984 年用于通讯卫星发射，受到党中央、国务院、中央军委嘉奖。

1981 年，该厂调整产品结构，生产出医用盐水吊筒，销往全国各地。1984 年，试制出 DYW-01 电容式远传温度测量仪。1987 年又试制出 WZB1C、WZB20 型工业用玻璃铂电阻元件，并批量投入生产。

1987 年，重庆体温计厂与重庆制药机制厂、重庆大学联合，仿造成功 SH10 型汞膨胀式缩喉机，获重庆市科技进步三等奖。

1988 年，该厂拥有职工 576 人，固定资产原值 736 万元，主要设备 318 台，占地

3953.33 平方米，建筑面积 23061 平方米，全年完成工业生产总值 443.67 万元，实现利润 126.7 万元。

① 重庆体温计厂篮球场
② 重庆体温计厂家属区
③ 重庆体温计厂厂区环境
④ 重庆体温计厂车间一角

第30节　重庆制药五厂

　　我曾经在重庆制药机械厂工作了16年，与重庆制药五厂就打了16年的交道。

　　2022年4月13日，我们重庆三线两会一行四人，到重庆制药五厂时，该厂保卫处长胡大贵（我大学时的同班同学）就在厂大门等候着我们了。

　　我大约有25年没有来过这家工厂了，但这家厂的詹厂长、小川厂长、发刚书记的音容笑貌，以及五厂的方方面面，时常浮现在我的脑海里，总是那么亲切和可人。

① 重庆制药五厂大门
② 重庆制药五厂办公楼
③ 重庆制药五厂生产区
④ 重庆制药五厂高烟囱

　　重庆制药五厂位于重庆市北碚区东阳镇，是中国最早生产葡萄糖的制药厂，早在20世纪40年代，它就以全国最早的注射葡萄糖生产厂家——大新药厂闻名于大后方。

　　从职业的角度来讲，我给重庆制药五厂供应过不少化工机械设备，因此对这家企业的主要产品——注射用葡萄糖和丁胺卡拉麦素，我都非常熟悉。前者是病人住院时的基本用药，你一住进医院就给挂起来输液；后者是抗菌类药，如果战争一旦打响，需求量就会很大。这些产品都是跟三线建设关联的。

　　重庆制药五厂自1941年建厂到1985年期间，主要经历了两个发展时期：第一个发展时期是20世纪50年代葡萄糖工业的发展时期。该厂的"一次结晶法"制注射用葡萄糖，改变了我国注射用葡萄糖依赖进口的历史。1955年，生产的注射用葡萄糖首次出口到苏联。1956年，第一次全国葡萄糖技术交流会就是在这个厂召开的。

　　第二个发展时期是三线建设收尾和调整阶段，从1978年到1985年。这期间，他们的柠檬酸、干淀粉、小包浆糖、玉米油等新产品不断推出。1979、1984两年，该厂的注射用葡萄糖荣获了国家银质奖。1985年，由重庆制药机械厂供给的大输液连动线生产的"大输液"，获四川省质量评比第一名。

在三线建设和三线建设调整时期的扩大产能工作，重庆制药五厂做得非常到位：1975年，竖井泵房竣工投产，解决了该厂的供水问题；1977年，葡萄糖新车间完成安装后，一次性投料合格；1979年，5吨／年维生素 B_2 投产；1980年，新建 400 吨／年柠檬酸车间，经过多次技改，年生产能力达到了 2500 吨。

到 1985 年，该厂有职工 1446 人，其中各类专业技术人员 115 人；有 5 个生产车间，2 个辅助车间；工业总产值 2440.93 万元，固定资产原值 2009.6 万元，净值 199.18 万元，利税总额 424.39 万元。

① 重庆制药五厂家属区环境
② 重庆制药五厂家属区户型
③ 重庆制药五厂家属区一角

第31节 成都军区制药三厂

抗生素药品是战争爆发时的最重要药物之一。为了响应"备战、备荒、为人民"的三线建设号召，1970年10月，解放军驻渝部队第十三军自筹资金，在北碚区东阳镇夏坝重庆制药五厂的隔壁，筹办了成都军区制药三厂。该厂后来被人们称为"重庆碚陵制药厂"。当时有职工403人，设备157台，生产土霉素碱，为重庆最早生产抗生素药品的厂家。

1973年3月，该厂开发的四环素投入生产；11月就

①

进入国际市场。1983 年 9 月，该厂建成盐酸洁霉素生产线。1985 年 5 月，该厂的葫芦素投入生产，且填补了国内空白。从 1971 年至 1985 年，该厂生产的各种抗生素原料药及其他成药总量 1617.83 吨，总产值 13570.98 万元，利润 3272.05 万元，上缴税金 2572.5 万元。

当时我在重庆制药机械厂任销售科长，为成都军区制药三厂提供了不少化工装备，该厂设备科袁科长，一来二往，成了最好的朋友。袁科长告诉我，到 1985 年，他们厂占地面积 37855 平方米，拥有 6 个生产车间和 1 个大集体企业，时有职工 595 人，固定资产原值 1409.31 万元，净值 876.9 万元，生产设备 786 台（套），产值 2144.4 万元，创利 255.7 万元。

① 成都军区制药三厂家属院
② 成都军区制药三厂生产车间
③ 成都军区制药三厂生产车间

第32节　北碚氮肥厂

　　1969 年 5、6 月间，四川省时任副省长邓华在四川灌县主持召开了有 400 余人参加的"四川省氮肥设备生产和机电产品配套会议"，历时半个多月。会上制定了建设规划，落实了设备制造和分配，确定了投资政策。在这种大背景下，北碚氮肥厂于 1969 年 10 月在北碚区东阳镇开始建设，1972 年 10 月投入生产。

　　初步建成的北碚氮肥厂是一套年产 3000 吨的合成氨生产装置，且以煤焦为主要原料。由于规模小，设备不配

①

套，产量低，消耗高，亏损严重。为了解决这一"老大难"问题，在重庆市相关部门的大力支持下，该厂分别于1980年和1985年进行了两次大规模的技术改造，把生产规模分别提高到年产5000吨和7000吨。

随着川东天然气的大规模开发和应用，为充分利用资源多产化肥，该厂利用距离北碚天然气管网不远的便利条件，和四川发展小化肥工业的专项贷款，完成了原材料从煤焦到天然气的改造。后来由于国家进口了像816厂这样的多套大化肥企业生产线，北碚氮肥厂最终停止了自己的前进脚步。

① 北碚氮肥厂办公楼
② 北碚氮肥厂动力房外景
③ 北碚氮肥厂动力房内景

第33节　天府矿务局

天府矿务局的核心根本在于天府煤矿。

天府煤矿位于北碚嘉陵江观音峡边上的天府镇（以前为文星乡）境内，距离朝天门码头约60千米，是距离重庆主城很近、便于水路运输的一家大型煤矿。它的得名与

奠基，跟著名爱国实业家、"北碚之父"卢作孚有关。

1933年6月24日，北川铁路沿线的公和、天泰、同兴、和泰、福和、又新等6座煤厂，与卢作孚旗下的北川铁路公司、民生实业公司集股24万元，组建了"天府煤矿股

份有限公司"——卢作孚以四川素有"天府之国"之称而取"天府"二字命名，年产原煤9.72万吨，1936年增至11万吨。

抗战全面爆发后，当时中国三大煤矿之一的河南焦作中福煤矿股份有限公司（下文简称"中福煤矿"）——也是唯一内迁的煤矿企业，正准备迁往四川省。卢作孚与中福煤矿时任总经理孙越崎，于1938年5月1日在汉口会晤，达成协议，确定中福煤矿拆迁来北碚，易"煤矿"为"矿业"，组成天府矿业股份有限公司，资本150万元。

新组建的天府矿业股份公司先后对峰、枧、龙、笋4个矿井进行改建，安装了通风、排水、卷扬等机械设备，铺设了20磅轻便铁轨，并陆续兴建了发电厂、机修厂、造船厂和炼焦厂。1943年，又自制出我国第一部火车头在北川铁路上行驶。1945年，年产原煤45.17万吨，炼焦厂月产焦煤能

① 天府矿务局办公楼大门
② 天府矿务局环境
③ 天府矿务局办公大楼一角

力达到 1200 吨，成为抗战时期四川大后方唯一的大煤矿。

1945 年底，三才生煤矿股份有限公司并入；1946 年 1 月，又与嘉阳煤矿公司、全济煤矿公司合并，组成新的天府煤矿股份有限公司，共有资本 2440 万元。1937 年产煤 48.6 万吨，到 1949 年却下降至 39.38 万吨。

解放后，1951 年 4 月公私合营，随后改为 405 煤矿。改制后，对生产进行了一系列的改革，且调整了矿井布局，关闭了枧厂、龙厂，加强了对一井、三井拓建和技改，年产原煤由 1950 年的 29.44 万吨，上升到 1957 年的 67.61 万吨。

1958 年 1 月，改公私合营为国营企业。11 月，磨心坡矿改井投产，设计能力为年产 45 万吨；第二年，磨心坡井年产量达到 60 万吨。同年，简易洗造厂建成投产，全矿原煤年产量达到惊人的 116.64 万吨，月产焦煤能力达 8000 吨。随着国民经济的调整，1962 年停办了洗炼厂、洗造厂，原煤年计划也调减为 50 万吨。1964 年 6 月，三井停产。

1965 年，三线建设开始后，天府煤矿将一井与磨心坡井进行了合并，从而结束了老井的生产。随即分段撤除了北川铁路，重新建成了刘家沟至黄桷树 12.7 千米的新铁路运输线，当年产煤 49.93 万吨。翌年，"文化大革命"开始，打乱了天府煤矿的生产秩序，日产原煤最低降到了 300 吨。

1967 年 5 月，年产 30 万吨设计能力的刘家沟井投产后，全矿年产原煤也仅有 42.15 万吨。

1974 年 10 月，杨柳坝井投产，设计生产能力为年产 21 万吨。1976 年，全年产原煤为 75.33 万吨，次年便上升至 101.4 万吨，1978 年又上升到 115.6 万吨。

1979 年 5 月，天府煤矿与华蓥山煤田指挥部合并，成立了天府矿务局，改井为矿，全局计有磨心坡矿、刘家沟矿、杨柳坝矿、三汇一矿、三汇三矿 5 对生产矿井。

1985 年，天府矿务局矿区占地面积 148.3 万平方米，建筑面积 52.7 万平方米，其中生产用房 17.6 万平方米。全局下设 38 个处室，5 对矿井，4 个小煤窑，以及炭黑厂、水泥厂、机修厂、矸砖厂，建筑安装公司和劳动服务公司。职工总人数 15198 人，其中工程技术人员 348 人；固定资产原值为 16416.3 万元，净值 10288.7 万元；生产设备 7060 台，其中专用设备 5299 台。

天府煤矿从 1950 年至 1985 年，掘进总进尺 121.12 万米，原煤总产量为 2766.28 万吨。从 1981 年至 1985 年，实现科研成果 96 项，有 14 项获得大奖。天府矿务局属刘家沟煤矿先后被四川省政府命名为"大庆式企业"、重庆市政府命名"先进企业"。机修厂被煤炭部命名为"文明

① 天府矿务局企业公园
② 天府矿务局办公楼

生产厂"。天府矿务局先后荣获四川省"先进企业"、煤炭部"全国煤矿职工生活福利标准化局"、重庆市"职工生活先进单位"等荣誉称号。

1985年，天府矿务局年产原煤140.5万吨，年产值为3304.7万元，上缴税金122.9万元，原煤全员劳动生产率0.579吨／工，全年亏损1058.7万元。我们重庆三线两会考察调研天府煤矿的时间有限，加上专业不完全对口等因素，我们真的不理解：这样历史悠久，技术先进，管理得当，资源丰富的功勋煤矿，怎么还会亏损这么严重呢？

从20世纪60年代中期开始，由于煤炭资源逐渐枯竭，天府煤矿开始走下坡路。1969年，后峰岩的最后一段铁路被迫拆除，矿井关闭陆续启动。至2017年，除了磨心坡煤矿矿井还未完全封洞之外，百年老矿的天府煤矿完成了它的历史使命。

① 天府矿务局道路环境
② 天府矿务局游乐园

第34节　磨心坡煤矿

磨心坡煤矿是天府矿务局所属 5 对生产矿井中最大的 1 对生产矿井。原设计能力为年产 45 万吨原煤。1985 年，经重庆市煤炭工业公司核定，为年产 33 万吨。1985 年，该矿拥有职工 2850 人，固定资产 1874 万元，工业总产值 651.27 万元，原煤产量为 285154 吨。

该矿精勘于 1953 年，投产于 1958 年 11 月，与原天

磨心坡煤矿办公楼

①

②

府矿一井同属一个井田范围，后者为前者向深部开采的迁深。原天府二矿一井，由原峰（后峰岩）、枧（枧槽沟）二煤厂演变而成。投产之初称为"天府煤矿磨井"，三线建设时期（1966年6月）与一井合并，改称"天府煤矿南井"。

磨心坡煤矿位于天府矿务局机关以南约6千米处，距北矿市区4.5千米，由南向北延伸成条带状，总面积约26.6平方千米。该矿矿区交通较为便利，襄渝铁路纵贯全矿，并在矿区内设有车站。天府矿务局自建的刘家沟至黄桷镇有762毫米轨距的轻便铁路，直接连接矿井地面煤仓。矿井生产出来的煤炭，由20吨架线式电动机车运至嘉陵江江边码头。矿井自建有水泥公路，与渝广（重庆—广安）公路连接，并同天

① 磨心坡煤矿俱乐部
② 磨心坡煤矿矿楼部
③ 磨心坡煤矿家属区
④ 磨心坡煤矿小区环境
⑤ 磨心坡煤矿家属生产自救

①

②

府矿务局其他矿井公路形成公路网。

磨心坡煤矿矿区位于新华夏体系的川东褶皱华蓥山腹背斜南缘天府背斜的西翼，地层倾角50—75度。矿井内分布有近30条中小型走向逆断层，主要集中在矿井南段。大型的走向逆断层主要有5条，断层倾角46—82度，总断距高达120—340米，纵贯全矿。平面上见断层线相互交切，横剖面上见到"人"字形构造。

该矿矿井北毗邻刘家沟矿，南以麻柳湾为界，井田总面积5平方千米。矿井南翼短北翼长，且主采的是北翼煤层。矿井采用平洞、竖井、暗斜井综合开拓方式。平洞垂直于岩层走向，穿过煤采地层，直至茅口灰岩，主要作出煤、进出人员、进风和排水、排风之用。竖井开口于芦梯沟处，井深522米，作升降人员、进风以及提矸、材料、设备之用。

该矿投产之后，由于受到当时"先生产，后生活"政策的影响，职工生活福利设施欠账甚多。于改革开放之后，该矿先后建了职工家属宿舍7幢、单身宿舍2幢、职工澡堂2座、卫生所1座、托儿所1座、职工子弟中学1所。

该矿管理科学而严格，资源丰富而开采设备比较现代化，随着保护资源环境政策的调整，2017年被封了矿洞。

① 磨心坡煤矿生产区
② 磨心坡煤矿生产区
③ 磨心坡煤矿生产区
④ 磨心坡煤矿生产区

第35节　刘家沟煤矿

刘家沟煤矿是老天府煤矿笋厂、三才生、龙厂3个矿井向深部开采的延伸和继续，同时也是天府矿务局所属的5对生产矿井之一。

刘家沟煤矿原设计能力为年产30万吨，1985年，重庆煤炭工业公司核定为年生产能力27万吨。1985年，该矿拥有职工2411人，固定资产1677万元，工业生产总值678万元，年产原煤276707吨。

该矿从1954年3月开始，由西南煤田地质勘探局136

①

队精查勘探，至 1956 年 12 月完成，提交了《天府煤田南北井西翼精查地质报告书》。1958 年开掘平洞，1967 年 5 月建成并简易投产，当时称"天府煤矿北井"。1979 年 5 月，天府矿务局成立后，改名为"天府矿务局刘家沟矿"。

该矿位于矿务局机关以北约 8 千米，南邻磨矿，北连杨矿煤田，由南向北伸延成条带状，总面积约 21.2 平方千米。交通条件十分便利：襄渝铁路距矿区 500 米处通过，并设有天府北站；矿务局自建有刘家沟至黄桷镇轻便铁路，直接与矿区地面煤仓连接；它生产的煤炭由 20 吨架线式电动机车运至嘉陵江边码头。矿井自建公路与矿务局其他矿井公路形成了公路网络。

刘家沟煤矿矿区位于川东褶皱带，属华蓥山背斜南向的一个分支构造。矿区背斜总的构造线为北东 35 度，属新华夏

① 刘家沟煤矿办公楼大门
② 刘家沟煤矿生活区
③ 刘家沟煤矿生活区

构造体系。背斜轴部有走向高度断层发育。在木莲伞以北，岩层倾角东翼比西翼平缓；木莲伞以南至麻柳湾止，岩层倾角南翼比西翼大。矿区含煤层分二迭系和三迭系，其中二迭系龙潭煤系为矿井主要采煤层。

该矿的矿井采用平洞、竖井、暗斜井综合开拓方式行进。平洞垂直于岩层走向，穿过煤系地层直至茅口灰岩，主要作运煤、矸、材料、进风、排水和进出人员之用。竖井开口于大岩湾处，井深353米，作升降人员、下放材料、提升矸石、进风等用。矿井地面用水主要靠嘉陵江水，输水管道通过后峰岩、代家沟送至矿区。

刘家沟煤矿开拓施工的方法是：水平延深工程采用普通爆破法和光面爆破法，岩巷及半煤岩巷采用钻眼爆破法施工，煤巷及部分半煤巷采用风镐挖掘法。一般采用人力装岩。采煤方法主要为：K2煤层采用八字形掩护支架采煤法，K6煤层采用正台阶采煤法，K8煤层采用倒台阶采煤法。开采工具均用风镐落煤。

① 刘家沟煤矿生产区
② 刘家沟煤矿生产区
③ 刘家沟煤矿生产区
④ 刘家沟煤矿生产区

④

第36节　嘉陵一矿

　　隶属于重庆市煤炭工业公司的嘉陵一矿，地处北碚区东阳镇明家沟。该矿始建于1741年（清乾隆年间），当时叫作"田洞子炭厂"，所产原煤主要销往川北各地。

　　1943年，该炭厂被改组为"复兴隆煤矿股份有限公司"，资本2000万元，员工数百人，年产煤炭数千吨，统销在渝各兵工厂。

　　1946年，该矿的坑道已长达6.5千米。1949年开始开采上连煤，资金无法周转，每月亏损万余元。

1958年1月，胜利煤矿并入，有职工200余人，日产原煤20吨；合并后改称"一井"，即葫芦坝井。三线建设开始后的1964年7月筹备、1965年开始新建明家沟井，次年正式更名为"嘉陵煤矿明家沟1井"，即后来的嘉陵一矿。

嘉陵一矿占地面积113401平方米，建筑面积19358平方米，其中生产用房5295平方米。

1985年，嘉陵一矿拥有职工735人，其中工程技术人员8人；主要设备68台，固定资产原值294.6万元，净值140万元；年产原煤5.3万吨，产值133.7万元，亏损125.5万元，上缴税金4.4万元。

① 嘉陵一矿生产区
② 嘉陵一矿生产区
③ 嘉陵一矿生产区

第37节 嘉陵二矿

嘉陵一矿、二矿，过去统称"嘉陵煤矿"，但嘉陵一矿在北碚东阳镇，而嘉陵二矿则坐落在草街子，两矿之间距离比较远，不便于统一管理，后来才在核算上独立分开来的。

1960年嘉陵一矿停产扩建之前，从嘉陵一矿的葫芦坝至草街子，建设了一条1300米轻便铁路，这才把两个矿连接到一起的。

嘉陵二矿占地面积62416平方米，建筑面积16150平

① 嘉陵二矿旧址
② 嘉陵二矿旧址
③ 嘉陵二矿旧址
④ 嘉陵二矿旧址

方米，其中生产用房 4028 平方米；职工 2794 人，其中工程技术人员 7 名；生产设备 64 台；固定资产原值为 210 万元，净值 94.5 万元；年产原煤 5.5 万吨，产值 95.1 万元，上缴税金 5.3 万元，亏损 147.7 万元。

现在我们如果用导航搜索，导出来的位置是新草街，实际上嘉陵二矿是在旧的草街里面。2022 年 4 月 26 日，我们还多花了一两个小时才赶到嘉陵二矿的。现在的嘉陵一矿，由于修建高速路隧洞，也已基本被开发完毕，而嘉陵二矿还完整地摆在那儿，如果拿来做旅游开发，多有意思的。

① 嘉陵二矿办公区
② 嘉陵二矿住宅区

第38节 运河煤矿

　　北碚境内煤炭资源丰富，早在明末清初时期，文星场一带便有原始洞穴式的小煤窑出现。抗日战争全面爆发后，大批工矿企业迁来重庆，煤炭需求量猛增，这也促进了北碚煤炭工业的大发展。抗战胜利后，这批单位复归东迁，北碚煤炭供过于求，于是一批又一批的煤矿倒闭，不少矿工返乡务农或转为修建成渝铁路。

① 运河煤矿垮塌的
　建筑
② 运河煤矿办公楼
③ 运河煤矿作业区
④ 运河煤矿办公区
⑤ 运河煤矿生活区
⑥ 运河煤矿游乐园

20世纪50年代中期，随着国民经济第一个五年计划的实施，北碚的煤炭生产也逐渐开始回升。在此大背景下，1957年，北碚区政府利用宝源煤矿蔡家沟井开办了地方国营性质的运河煤矿。

运河煤矿地处北碚澄江镇的蔡家沟，四面环山，至今其生态环境都是保持得非常好的。

运河煤矿的矿井地质储量为109.2万吨，采取暗斜井开拓方式。2022年4月21日，重庆三线两会组团来到早已关闭的运河煤矿；井口虽然封了，但整座煤矿的骨架还在。留守老矿工告诉我们，运河煤矿的煤种牌号为"气煤"，1990年核定生产能力为3万吨，实际当年仅采了1.85万吨，时有正式职工202人。

第39节　国营八四五厂

　　国营八四五厂，这个名字在我们的脑海里挂记已经很深了，重庆三线两会这两年跑了100多家煤矿，发现它们所用的炸药，大多是国营八四五厂的产品。

　　国营八四五厂是兵器工业部和国家机械工业部定点生产民用爆破器材的中型企业，厂址在北碚灯塔岩乡的灯塔街148号。三线建设时期，它隶属于重庆市煤炭工业管理局。

　　1956年9月，重庆市煤炭工业管理局在北碚灯塔岩乡余家湾动工兴建化工厂；1958年10月，用土法生产硝铵

①

炸药获得成功，成为西南地区第一家生产煤矿安全炸药的企业。1959年3月，第一条年产2000吨的硝铵炸药生产线建成投产。时有职工474人，固定资产36万元，产值388万元，创利94万元。

1961年，化工厂更名为"重庆煤管局845厂"。

经过逐步改扩建，到了三线建设时期的1965年，该厂年产硝铵炸药达到6000吨，电雷管1500万发。

1968年12月，该厂更名为"国营845厂"。

1971年，年产硝铵炸药8000吨，电雷管3700万发。1981年，该厂研发成功瞬间发电雷管、毫秒电雷管，且达到国际同类产品水平，填补了国内安全电雷管生产的空白。

1982年4月，瞬发电雷管正式投入生产。1984年，该厂研发的RM.II型煤矿乳化炸药获得成功，达到国内同类产品

① 国营八四五厂立地环境
② 国营八四五厂大烟囱
③ 国营八四五厂仓库

先进水平，同年 10 月投入批量生产。继先期的 8 号煤矿瞬发电雷管获国家经委优秀新产品"金龙奖"之后，1984 年，该厂又获全国总工会、国家经委技术革新、技术协作优秀成果奖；另获四川省科技发明二等奖 1 个。

1985 年，该厂拥有职工 1577 人，其中工程技术人员 38 人，工厂占地面积 408253 平方米，生产用房 44377 平方米；企业设 4 个车间，18 个部（科）；固定资产原值 1353.56 万元，净值 436.63 万元；各种生产设备 320 台（套），检测设备 39 台（套）。主要产品是 1 号、2 号、3 号煤矿硝铵炸药，8 号煤矿瞬发电雷管、煤矿毫秒延期安全电雷管等 2 大类 10 多个品种。这些产品广泛应用于煤矿采掘、农田水利、土建工程，除满足重庆市的矿务局及煤矿所需外，还远销广东、云南和贵州等 10 余个省市区。

1985 年，该厂的工业生产总值是 1531 万元，利润 196 万元。

从 1958 年建厂至 1985 年，共生产各种硝铵炸药 14.2 万吨。各种雷管 49706 万发，总产值为 26019.4 万元，利润 4176.4 万元，上缴税金 2120.45 万元。

① 国营八四五厂生活区
　　一角
② 国营八四五厂生产区
③ 居家生活
④ 国营八四五厂生活区
　　一角

第40节　重庆无线电六厂

①

重庆无线电六厂坐落在北碚边缘地区的童家溪，占地面积 12335 平方米，是三线建设时期国家定点生产电子接插件和广电工业偏转线圈、回扫变压器的定点企业。从 1971 年开始，该厂生产陶瓷管座，至 1983 年累计生产了 51 万件。1972 年至 1979 年，该厂相继生产了圆形 805、866 瓷质管座，方形七脚 FV—32、FV—30、FV—13 陶瓷管座，大六角 FV—80 瓷管座，产量为 28 万件。

1979 年，该厂研制了用于黑白电视机多种规格的偏转线圈，主要为重庆地区的电视机整机厂配套。1979 年至 1985 年共生产 39.7 万套，其中 1984、1985 年平均年产量为 10 万套。1979 年研发并试制生产了回扫变压器，主要与重庆地区生产的黑白电视机配套，1979 年至 1985 年累计生产 35.87 万只，其中 1984 年、1985 年平均达年产 10 万只。

1985 年，重庆无线电六厂从日本引进带聚焦电位器的彩电回扫变压器生产线。该生产线工艺先进，自动化程度高，检验及例行试验、可靠性试验手段先进齐备，重要工序高压包制造工艺先进，灌封的预热、灌注、固化等全过程均在真空条件下由微机控制进行。

该生产线总投资为 1681 万元，年产回扫变压器能力为 100 万只。

　　1985 年，该厂拥有员工 433 人，固定资产原值 280.2 万元，设备仪器 107 台套，完成工业总值 431.1 万元，实现利税 75.8 万元。

① 重庆无线电六厂办公楼
② 重庆无线电六厂生产区
③ 重庆无线电六厂仓库

第41节　重庆第五棉纺织厂

　　1927年，峡防局在文昌宫开设庙嘴工场，次年购机，随后再从上海添置67台新设备，得名"北碚三峡染织厂"。

　　1938年，北碚三峡染织厂与内迁的常州大成织布厂、汉口隆昌染厂合并，组成"大明染织股份公司"，占地32000平方米，厂房182间，设备230多台，产布3.1万匹。至1949年底，有职工1340人，织机210台，纱锭7104枚，布14.5万匹，为西南最大的棉纺织染厂。

　　1955年，该厂实行公私合营。1962年经技术改造后，

①

有 165 台织机，全部生产灯芯绒。1966 年，该厂正式更名为"重庆第五棉纺织染厂"。

经三线建设的技改扩能后，该厂拥有 3950 平方米新染场投入使用。1979 年，生产的中条灯芯绒出口美国、日本、中国香港。

1982 年，重庆第五棉纺织染厂与北碚棉织厂、北碚朝阳棉织厂、北碚缙云棉织厂、北碚嘉陵棉织厂合并，组成"重庆绒布总厂"。

至 1985 年，重庆绒布总厂主要生产棉纱、棉布、色布、灯芯绒等 7 大类 50 多个花色品种。主销浙江、云南、甘肃、贵州等省，还出口日本、加拿大、澳大利亚、罗马尼亚等 10 多个国家。

到 1985 年末，重庆绒布总厂拥有 2180 人，专业技术人员 56 人；固定资产原值 1498.68 万元，净值 1094.24 万元；生产设备 766 台；全年完成生产总值为 2701.4 万元，利润 136.6 万元，累计出口创汇 986.7 万美元。

① 已被开发的重庆第五棉纺织厂
② 已被开发的重庆第五棉纺织厂
③ 已被开发的重庆第五棉纺织厂

第42节 北碚制鞋厂

①

北碚制鞋厂是由北碚便鞋生产小组发展壮大而成。

1955年，9户个体鞋匠成立了北碚便鞋生产小组。在此基础上，依靠自力更生、艰苦奋斗的革命精神，该小组发展成为集体所有制企业——北碚制鞋厂。其厂址在北碚城区劳动村202号。主要产品有注塑布鞋、凉鞋、粘胶鞋、童鞋、发泡鞋等5大类，产品销往四川省市各区县以及河南、陕西、贵州等地。

至1985年，北碚制鞋厂拥有职工390人，厂区占地面积2671平方米，生产用房6228平方米，固定资产原值114.76万元，净值86.21万元，机械设备117台。年产布鞋107.48万双，皮鞋5352双，产值485.83万元，实现利润54.66万元，上缴税金22.4万元。

在我们所经历过来的20世纪七八十年代，包括渝中、南岸、江北、北碚在内，重庆的制鞋工业是相当发达的，人们对穿一套新衣服、一双新鞋子那是相当看重的，什么"包边布鞋""回力鞋"并不亚于现在的北京布鞋、李宁运动鞋什么的。时间一晃，过去三四十年了，重庆的传统制鞋工业也几乎垮完了。

① 北碚制鞋厂原址
② 北碚制鞋厂阶梯
③ 北碚制鞋厂街道
④ 北碚制鞋厂住宅

第43节 重庆北碚玻璃仪器总厂

1938 年，建国玻璃社用坩埚炉手工开始制造小玻瓶。1948 年，迁至北碚黄桷镇，建立了建国玻璃厂。

1951 年，新的人民政府接手后，改为"公私合营北碚化学玻璃厂"，次年又改名"地方国营北碚玻璃厂"。

1957 年，该厂在国内首创了用北碚本土的白泡石建造半煤气池炉。次年，8 模气压杯机投入使用，玻璃生产用气压成型代替了手工吹制。1961 年，重庆玻璃厂并入，1964 年该厂被一分为四。

① 重庆北碚玻璃仪器
   总厂综合楼
② 重庆北碚玻璃仪器
   总厂办公楼
③ 重庆北碚玻璃仪器
   总厂大烟囱
④ 重庆北碚玻璃仪器
   总厂生产车间

重庆北碚玻璃仪器总厂一角

　　重庆北碚玻璃仪器总厂是西南地区规模最大的专业生产药用、食用系列包装瓶及玻璃仪器的国营企业，从1949年到1985年，共计生产各种玻璃制品27051吨，总产值18970.4万元，利润2264.2万元，上缴税金2095.6万元。

　　1980年，烧器、量器获四川省轻工厅优质产品奖。1984年获轻工部"节能先进企业"，1985年获"重庆市文明单位"称号。

　　该厂住地为北碚黄桷树人民路34号。1985年，主要生产输液瓶、饮料瓶、酒瓶、安瓶系列及玻璃试验仪器等4大系列、316个品种，产值1681.6万元，利润294.3万元。

　　至1985年，全厂占地面积37508平方米，生产用房15102平方米，下设4个生产车间，并有北碚玻璃仪器二厂、北碚陶瓷厂、北碚陶瓷二厂、北碚塑料制品厂，拥有职工1393人、18个科室。该厂固定资产原值为555.6万元，净值400.5万元。

第44节 重庆北碚玻璃器皿厂

该厂原是重庆北碚玻璃仪器总厂的一个器皿车间，三线建设开始之后，1965年从总厂分离出来，利用原北碚火电厂旧址进行改扩建，时有职工208人，固定资产18.9万元。初创时期的重庆北碚玻璃器皿厂的第一任务是出口创汇，第一年其产量只有1.2万打，产值30万元，利润2万元。

重庆北碚玻璃器皿厂大门

① 重庆北碚玻璃器皿厂生产区
② 重庆北碚玻璃器皿厂生产区
③ 重庆北碚玻璃器皿厂生产区
④ 重庆北碚玻璃器皿厂生产区
⑤ 重庆北碚玻璃器皿厂生产区

1979 年，该厂将稀土元素应用于艺术玻璃的着色方面，大获成功，且为国内首创。1980 年，该厂运用天然原料制作高质量玻璃和热加工操作的主料，提高了产品品质。1981 年又投资 180 万元，新建了磨花车间，把摇杆磨花全部改为单机磨花；同年，建成新的调料车间，使玻璃拌料实现了机械化。

重庆北碚玻璃器皿厂的主要产品有玻璃刻花酒具、茶具、灯具、烟具、花瓶、果盘和玻璃装饰工艺品几大类 200 多个品种，1200 多个花色。

1985 年，该厂从英国引进一条气电熔炉铅晶质玻璃器皿生产线（系比利时和美国生产），达到了当时的世界先进水平。

1985 年该厂拥有职工 724 人，其中专业技术人员 35 个；科室 19 个，车间 4 座；占地 47500 平方米，生产用房 10109 平方米；固定资产原值 357 万元，净值 255 万元，产值 401 万元，创汇 42 万美元，利润 20.4 万元。

④

⑤

第45节 北碚玻璃制瓶厂

北碚玻璃制瓶厂位于北碚区黄桷树麻柳村，濒临嘉陵江北岸。

该厂原来是重庆北碚玻璃仪器总厂的三车间，于1965年9月独立出来，时有职工232人。主要制瓶设备为林取式六模制瓶机1台，手压机4台，主要生产农药瓶和酒瓶。当年完成产量3739.6吨，亏损25万元。1966年以后，放弃手压机，以两台林取式六模制瓶机生产包装玻璃瓶，生产大为改观。

①

1972 年，该厂自己动手，简易改造了危房，新增了 1 台四组行列式制瓶机。

1965 年 至 1975 年，除 1966 年、1970 年两年共盈利 7.62 万元外，其他各年累计亏损 318.54 万元。究其原因主要有四点：一是十年"文革"动乱，破坏了正常的生产秩序；二是企业内部管理跟不上生产所需；三是主要制瓶设备不配套；四是原材料供应不足，被迫停停打打。

1976 年粉碎"四人帮"之后，该厂逐渐恢复了正常的工作秩序，开始扭亏为盈。1980 年，国家投资及企业贷款 320 余万元，将原北碚玻璃模具厂迁出，重新扩建制瓶车间，于 1982 年建成了 7040 平方米两座熔炉，4 条 QD6 型制瓶机生产线，开始使用自控仪表 DDZ－III 系统，使该厂生产规模成倍增长，技术水平进一步得以提高。1983

① 北碚玻璃制瓶厂大门
② 废弃了的配电设备
③ 废弃了的生产设备

①

②

年，该厂拥有熔化面积 29.4 平方米的保温玻璃熔炉两座，配有国产 80 年代制瓶设备的六组单滴行列式制瓶机 4 台，使其年产日用玻璃的生产能力达到了 3 万吨。

1983 年，该厂实行"以提高经济效益为中心，开展节能为重点"的节约运动和企业全面整顿，以期减少停机现象。通过落实企业经济责任制，该厂的经济效益有了明显的提高。

1983 年，北碚玻璃制瓶厂拥有职工 700 人，固定资产原值 706.62 万元，净值 611.10 万元，其中重要设备 154 台，全年生产日用玻璃包装瓶 2.5 万吨，工业总产值 986.99 万元，实现利润 126.83 万元。主要产品有 1000 毫升农药瓶 937.94 万只，500 毫升罐头瓶 3620.53 万只，250 毫升饮料瓶 630.24 万只，其他日用玻璃制品 25460.41 吨。

2022 年 4 月 24 日，重庆三线两会组团前往早已"熄了火"的北碚玻璃制瓶厂。过去激情燃烧时那种车水马龙、热火朝天的气氛早已不在，留下来的是满目疮痍，一地鸡毛。不过现今的北碚玻璃瓶厂，包括它原来生产的核心设备——保温玻璃熔炉及厂房还在。我们希望重庆市规划局能把它列为下一批"重庆市历史建筑名录"，把它好好保留下来。

① 北碚玻璃制瓶厂生产区一角
② 北碚玻璃制瓶厂车间
③ 北碚玻璃制瓶厂贮罐
④ 北碚玻璃制瓶厂亮架

第46节 北碚玻璃模具厂

2022 年 4 月 24 日，重庆三线两会组团一大早就来到了北碚区东阳镇的夏坝——复旦大学内迁旧址参观。不知道什么原因，我们的老朋友、北碚区党史办的任良荣老师得知我们到了北碚，坐出租车过来，陪同我们一道考察调研。他推荐的第一个地方就是北碚玻璃模具厂。

与北碚玻璃制瓶厂一样，北碚玻璃模具厂原是重庆北碚玻璃仪器总厂下辖的生产单位，是三线建设开始后的 1965 年分离出来的。重庆市社会科学研究所等单位 1985

①

年 2 月编著的《重庆百家工业企业概况》中，记载北碚玻璃制瓶厂时，有这样一段文字：北碚玻璃制瓶厂从北碚玻璃厂分离出来时，主要制瓶设备为林取式六模制瓶机 1 台，手压机 4 台。

模具是玻璃生产中的一个关键工装设备。我在国企工作时，与重庆机械模具厂有过不少交往，最近又对四川仪表十四厂（仪表模具厂）有过深入考察，对模具在企业生产中的重要作用，还是比较清楚的。

1989 年 12 月，科学技术文献出版社重庆分社发行的《重庆市北碚区志》，在谈到分家前的重庆北碚玻璃仪器总厂时，也有一段文字记载：1958 年，8 模气压压杯机投入使用，玻璃生产用气压成型代替手工吹制，为全国首创。我搞企业几十年，有一个很深的感受，像模具这

① 北碚玻璃模具厂大门
② 北碚玻璃模具厂生产区
③ 北碚玻璃模具厂仓库

②

①

种工具性企业单位，它再重要也很难把主动权掌握在自己手上——它毕竟处于一个大生产系统中的从属地位。北碚玻璃模具厂的遭遇再次验证了这个道理：1965 年，它与总厂分家；1980 年，它再从北碚玻璃制瓶厂分离出来。

① 北碚玻璃模具厂生产区
② 北碚玻璃模具厂生产区

第47节 重庆洗衣机二厂

1970 年 8 月，重庆机器修理厂从市中区迁至北碚区郭家沱；第二年与北碚区五金社合并，接收重庆磨床厂部分设备，生产 C-6135、C620-1B 型全齿车床。当年生产车床 174 台，产值 93 万元，利润 18 万元。1980 年 9 月，停止生产机床，转产建筑钢窗、日用五金。该厂于 1981 年开始试制单缸洗衣机，当年生产 3237 台，1982 年 2 月

重庆洗衣机二厂生产区

①

更名为"重庆洗衣机二厂"。

　　1985 年，我女儿出生，那个时候没有"尿不湿"，即便是有，也买不起。下班回家，简单晚饭后，就要洗一大盆包括尿片在内的衣服，后来好不容易买了一台重庆洗衣机二厂生产的"三峡牌"单缸洗衣机，才得以"解放"出来。

　　1982 年 9 月，重庆洗衣机二厂自行研制的 XDB1.5 公斤 II 型单缸洗衣机投入生产，10 月通过技术鉴定并投入量产。1983 年 1 月，该厂开始试制 XDB2 公斤 III 型洗衣机并获成功。1985 年 2 月，从日本引进 VH−111OE 型

双缸洗衣机生产线，7 月，试产"三峡·东芝"双缸洗衣机投入市场，受到市场热捧。

　　1985 年，重庆洗衣机二厂占地面积 38961 平方米，生产用房 8909 平方米。时有 11 个科室、5 个生产车间，职工总数 420 人。固定资产原值 342.1 万元，净值 240.1 万元，洗衣机生产专用设备 122 台，检测设备 2 台。主要生产 XDB−II 型、XDB−III 型单缸洗衣机，XDB−LS 型双缸洗衣机。产量 170803 台，产值 3321.34 万元，利润 514.27 万元。

从 1971 年至 1985 年，重庆洗衣机二厂共生产车床 1017 台，钢窗 28614 平方米，DB−I、II、III 型单缸洗衣机、"三峡·东芝"XDB−IS 双缸洗衣机共计 323248 台，总产值 6966.91 万元，利润 703.69 万元，上缴税金 47.86 万元。1985 年，DB−III 型单缸洗衣机获四川省优秀新产品奖，另有重庆市优产品 2 个。

2022 年 4 月 28 日，重庆三线两会组团来到早已破产的重庆洗衣机二厂。想想自己家第一台"三峡牌"洗衣机只有 1.5 千克，再看看现在家里"格力牌"7.5 千克，前后差距的确太大。

重庆的电风扇垮了，电冰箱垮了，洗衣机也垮了。这么一个大工业城市，为什么就不能塑造出一两个家用电器品牌呢？

① 重庆洗衣机二厂综合楼正面
② 重庆洗衣机二厂生产区一角
③ 重庆洗衣机二厂综合楼侧面

第48节　重庆农用汽车制造厂

重庆农用汽车制造厂创办于1958年，由原重庆市工业局工人技术学校与重庆震旦消防器材厂合并而成，先定名为"北碚机械厂"。

该厂首先在国内试制成功第一台5马力手扶拖拉机，送联邦德国莱比锡参加国际博览会。于1970年试制成功495型柴油发动机，并将该机装配WJ130型汽车底盘，试制出第一辆"山城牌"BB130型2.5吨柴油载重汽车。

1980年，该厂在BB130型载重汽车的基础上，自

①

行设计、制造出第二代汽车产品——"北泉牌"CN132型3吨柴油载重汽车，1981年投入批量生产，1984年最高年产量达到1156辆。后来，该厂又推出了"北泉牌"CN121-5A农机维修车、NS12-1JH救护车、CN130HW和CN121HN环境监测车，还有213专用车系列和CN630中型客车、CW620小型客车。

20世纪80年代末，我从重庆制药机械厂劳服司经理调任厂销售科长后，买的第一台越野车就是"北泉牌"，在云贵川渝地区跑了不下于10万千米。总的感觉是这台车大毛病不多、小毛病不断。

1988年，重庆农用汽车制造厂拥有职工1393人，其中工程技术人员109人；固定资产原值999.2万元，占地面积11.42万平方米；全年完成工业总产值2351.9万元，生产各类汽车1203台，实现利润195.3万元。

① 已被开发了的重庆农用汽车制造厂
② 重庆农用汽车制造厂家属区
③ 重庆农用汽车制造厂家属区

②

③

第49节 北碚纸箱厂

北碚纸箱厂的前身是建新纸盒社。

1953年1月，北碚的11户私营小作坊合并，组建成了"建新纸盒社"。1955年4月，更名为"北碚纸盒生产合作社"，之后又吸收了北碚金华纸盒社。时有职工31人，固定资产800元，生产场地150平方米。当年生产纸盒6.364万个，产值4.41万元，利润0.38万元。

1958年12月，北碚纸盒生产合作社被并入北碚印刷厂，但不久又分离出来后，迁址到了东阳夏坝新村。

① 北碚纸箱厂大门
② 北碚纸箱厂家属楼
③ 北碚纸箱厂生产车
　间一角
④ 北碚纸箱厂生产车
　间一角

①

②

三线建设开始后的 1964年，为了给在北碚的三线企业配套，北碚纸盒生产合作社试制出瓦楞纸盒、纸箱及纸桶，实现了产品第一次换代并投入批量生产。1972年，为了更好地服务于北碚三线企业高速发展的需要，合作社又新购置了一批生产设备与原有设备组合，进一步提高了工厂机械化自动化生产水平。1973年，该合作社正式更名为"北碚纸箱厂"。

1985年11月，北碚纸箱厂从瑞典、联邦德国等国，引进了复合罐和螺旋纸管生产线2条。1985年末，该厂拥有职工236人，全厂占地面积9311平方米，生产厂房5546平方米，固定资产原值71.13万元，净值41.53万元，各种专用和辅助生产设备61台，主要为在碚各三线企业配套各种规格的纸盒、纸箱和纸桶。年产值为239.8万元，产量333.62万个，利润11.2万元。

① 北碚纸箱厂废弃了的设备
② 北碚纸箱厂旧厂房一角

第50节 重庆北碚群力陶瓷厂

重庆北碚群力陶瓷厂创办于1918年，当时只是一座不大的窑罐手工作坊，只能生产日用粗陶。1952年，另两家私营窑罐作坊并入其中，定名为"重庆北碚群力陶瓷厂"。时有职工28人，产值6.4万元。

1956年，实行公私合营，有简易设备10余台，职工74人，年产值21.6万元，利润0.7万元。1962年，改造烧柴"龙窑"为烧煤倒焰式方窑。1963年安装电热偶测温和使用仪表控制窑温，提高了产品质量和生产效率。

重庆北碚群力陶瓷厂旧址

三线建设开展以后的1964年，该厂使用机械制泥和成型，实现了制陶的半机械化。1975年，68米长的隧道窑建成投产。1981年，研制釉面陶板和陶壁画获得成功，当年投入小批量生产。1983年，停止日用陶生产，扩大陶板生产量，并增加了釉色的花色品种。1985年9月，该厂从意大利英伯达国际有限公司引进了彩釉墙体砖生产线，实现了产品的换代升级。

该厂的主要产品是日用陶瓷，并大量为国防工业和化医工业服务；其次是卫生建筑陶瓷、工业美术陶瓷等四大类、300多个花色品种。

1985年，该厂拥有职工247人，占地面积40728平方米，生产用房10483平方米。工厂设有4个科室，2个车间。固定资产原值153.2万元，净值111.2万元，陶瓷生产设备116台，检测设备2套。全年完成产值71.3万元，利润18.1万元。

① 重庆北碚群力陶瓷厂生活区
② 重庆北碚群力陶瓷厂生活区
③ 重庆北碚群力陶瓷厂生活区
④ 重庆北碚群力陶瓷厂生活区
⑤ 重庆北碚群力陶瓷厂生活区
⑥ 重庆北碚群力陶瓷厂生活区

⑤

⑥

第51节 重庆嘉陵水泥厂

1951年7月，西南建筑工程管理局接收了北碚观音峡内的3家私营小厂，组建了嘉陵石灰石厂。当年有职工125人，年生产石灰2940吨，产值8.5万元，利润0.74万元。

1956年，嘉陵石灰石厂又吸收了3家私营石灰厂，改为"公私合营重庆市石灰厂"。1961年，北碚白石砖厂并入。1971年开始生产硅酸盐水泥，年产量为500吨。1972年，在白马桥建成年产1万吨水泥车间。1975年定名为"重庆嘉陵水泥厂"。

①

① 远眺重庆嘉陵水泥厂
② 重庆嘉陵水泥厂生产
　区一角
③ 重庆嘉陵水泥厂生产
　区一角
④ 重庆嘉陵水泥厂生产
　区一角

从 1950 年至 1985 年，国家先后共投资 343.2 万元，累计总产值 2111.05 万元，水泥总产量 22.2 万吨，石灰石 44.3 万吨，建筑石材 55.3 万吨，利润 199.3 万元，上缴税金 168.94 万元。

1985 年，重庆嘉陵水泥厂占地面积 5.9 万平方米，生产厂房 7820 平方米；有 9 个科室，7 个车间，1 个劳动服务公司，职工总人数 433 人。固定资产原值 272.65 万元，净值 186.34 万元，主要设备 7 台（套），检测设备 4 台（套）。全年生产硅酸盐水泥 2.3 万吨，产值 120 万元，利润 51 万元。产品行销万县、涪陵、南充等地区。

重庆嘉陵水泥厂生产区

第52节　重庆市第六建筑材料厂

1951年，川东行署接收了北碚郭家沱、白沙沱 2 家私营砖瓦厂和 10 个私营木器厂，组建了北碚砖瓦木器厂。1953 年更名为"地方国营北碚砖瓦厂"，同时，该厂原木器车间分离出去，成立北碚木厂。同年，该厂生产砖瓦 333 万匹，产值 15 万元。

1961 年 12 月，在国民经济调整过程中，北碚耐火材料厂、北碚澄江水泥厂并入该厂，更名为"北碚建筑材料厂"。

重庆市第六建筑材料厂现存的老厂址

1963 年，北碚建筑材料厂交由重庆市建筑工程管理局管理。1966 年更名为"重庆市第六砖瓦厂"。1970 年，该厂自制小型砖机，开始半机械化生产。1974 年，重庆市建筑工业局投资 300 万元，改土窑为隧道窑，建成灰砂砖、页岩砖两条生产线。1981 年，该厂利用煤矸石和废渣试制加气砼取得成功。1984 年该厂定名为"重庆第六建筑材料厂"。

1985 年，重庆第六建筑材料厂拥有职工 450 人，大集体企业 46 人，固定资产原值 520.69 万元，净值 437.15 万元，各种专用设备 367 台，检测设备 2 台（套）。

从 1951 年至 1985 年，生产各种墙体建材 29653 万块，总产值 1824 万元，利润 9.35 万元，上缴税金 50.85 万元。

① 现存的老厂址
② 现存的老厂址
③ 现存的老厂址
④ 现存的老厂址
⑤ 业已消失的六砖厂遗址
⑥ 业已消失的六砖厂遗址

⑤

⑥

第53节　重庆缙云食品厂

重庆缙云食品厂的前身是 1957 年成立的北碚糖果厂。三线建设前，该厂人手不多，设备简陋，但它独自开发出来的"怪味胡豆"影响却不小。

1964 年该厂定名为"重庆缙云食品厂"，注册商标"蝶花牌"，为了"备战、备荒、为人民"，该厂于 1972 年建成了电烘炉饼干生产线，产品开始供给全国市场。

1976 年，该厂新建了糖果车间，安装了真空浓缩锅、平板切糖机、包装机，使其主导产品糖果从熬制成型到包

①

装，全部实现了机械化。1982 年，该厂又自筹资金，建成了年生产能力达 1200 吨液体葡萄糖生产车间。同年，重庆饮料三厂并入，年产 2000 吨的淀粉车间和年产 2000 吨的饮料，冷食品车间相继投产。

1985 年，重庆缙云食品厂从波兰引进了夹心糖生产线，从日本引进了万能点心机，从德国引进了太妃糖生产线，从而达到了 20 世纪 80 年代糖果生产的国际先进水平。

1985 年，该厂拥有 690 名职工，固定资产原值 845.83 万元，净值 268.24 万元，全厂占地面积 3.25 万平方米；全年完成总产量 5147 吨，产值 857.6 万元，利润 95.1 万元。

① 已被开发了的重庆缙云食品厂
② 已被开发了的重庆缙云食品厂
③ 已被开发了的重庆缙云食品厂
④ 已被开发了的重庆缙云食品厂

第54节 重庆缙云山饮料食品厂

①

20 世纪 70 年代末，一个盛夏的正午，父亲带我从四川营山县，到了上中渡口的西南制药一厂大门口。不多一会儿，接到门卫通知的母亲从车间赶了出来，且手上端了一个大口缸，里面是加了一半冰块的果汁饮料——这是我第一次吃到的果汁饮料。后来才知道，这果汁饮料就是由重庆北碚缙云山饮料食品厂生产的。

2022 年 5 月 11 日，早上六点三刻，我送外孙盖盖上学之后，就驾车到了重庆衡器厂考察调研。在衡器厂的尾段，有一幢非常别致的厂房，建筑风格与衡器厂其他的厂房完全不同，又高又大，门口有一个很大的转运广场，仔细一打听，它就是重庆缙云山饮料食品厂。

根据《北碚地方志》记载，1979 年后，北碚相继建成了缙云山饮料食品厂。这家厂的主打产品是果汁饮料，它是以水、蔗糖、水果浓缩汁、香味剂、酸味剂为主要原料精制而成，饮用时一般要加 3—4 倍的水配兑。

1985 年，该厂拥有职工 157 人，固定资产原值 910 万元，净值 538 万元；年产量 3190 吨，产值 814 万元，利税 82 万元。

① 重庆缙云山饮料
　食品厂广场
② 重庆缙云山饮料
　食品厂红墙车间
③ 重庆缙云山饮料
　食品厂厂房一角
④ 重庆缙云山饮料
　食品厂车间外立
　面

第55节 北碚红工水厂

北碚的城市供水水厂，原系卢作孚、卢子英1943年向国民政府行政院水利委员会提出，商办给水工程，以济其民生之用。后经水利示范工程处勘探设计，于1944年1月7日动工，9月完成。1955年1月1日合并至重庆市自来水公司，更名为"重庆市自来水公司北碚水厂"。

过去北碚的企业不多，三线建设布局之后，由于北碚的自然环境和交通条件，迁来了大批的、包括全国第二大仪表系统——四川仪表系统在内的几十家企业，这样原

①

① 北碚红工水厂外景
② 北碚红工水厂的"金刚碑赋"遗址
③ 北碚红工水厂的"金刚碑赋"遗址

来的城市供水系统就不堪负荷。1972 年，入住北碚的内迁企业，经过几轮协商，决定共同出资修建一座取之于民、用之于民的自来水厂，取名"红工水厂"。

红工水厂于 1980 年底才得以建成。第二年，三线建设开始调整，红工水厂制水车间 7 个、化验室 1 座、机修组 1 个、管道维修组 1 个、查勘和计表组 1 个，合计 171 人，全部并入了重庆市自来水公司北碚水厂。

2022 年 4 月 22 日，北碚区党史办带我们重庆三线两会代表团来到了红工水厂，在现场调研时，我们无不为北碚的军工企业团结协作、众志成城、艰苦创业的精神动容。

① 北碚红工水厂取水处
② 北碚红工水厂泵房

第56节 重庆仪表材料研究所

　　根据三线建设的统一布置，1964年10月，在一机部白坚副部长及有关负责同志的参与下，一机部拟定了仪表材料研究所的项目设计任务书，并于1965年8月21日，批准材料研究所的先期投资为284.4万元，同时决定，由湖南省株洲市的第一机械工业部仪表专用材料研究所，与一机部上海材料研究所第八研究室、一机部上海热工仪表研究所特种材料组，合并组成重庆仪表材料研究所。

　　重庆仪表材料研究所的定性为国家从事仪表材料科

已被改造的重庆仪表材料研究所旧址

①

②

学研究的综合性研究所。刚迁来北碚三花石时，只有183名职工，其中工程技术人员就有143人，同时拥有仪器设备1043台，其中有一批国内先进的大型精密仪器设备。到1980年，该所迁建北碚龙凤桥时，职工总数已有520人，其中高、中级专业技术人员130多人。

该所设有技术情报、理化检验、技术发展与技术经济、半导体材料等7个研究室。主要从事测温材料、腐蚀弹性合金、精密电阻合金、磁性材料、半导体敏感材料的研制，性能测试、材料制品的开发，是全国的仪表材料技术开发、测试、情报收集和产品质量监督检验中心。

重庆仪表材料研究所从建所开始至1985年，共完成科研项目266个，其中获全国性奖项5件，部级奖36件，省、市重大科技成果奖37件。

① 重庆仪表材料研究所家属区
② 重庆仪表材料研究所服务中心

第57节　重庆工业自动化仪表研究所

1965年3月26日，一机部批准，将上海热工仪表科学研究所的气动单元组合仪表、电动单元组合仪表、巡回检测装置3个专业，全部迁往重庆市北碚，并投资206.7万元，建立重庆工业自动化仪表研究所。它是集电、气动调节控制系统，工业计算机行业技术归口于一体的综合性研究所。

该所主要从事开发研究新型检测电、气动、智能式仪表，数据采集处理管理系统，工业控制微机系统、分散型

重庆工业自动化仪表研究所

工业控制系统、工业企业计算管理系统、实时软件系统、工业自动化系统的设计和研究。该所设有 12 个研究室和 1 个生产车间，1985 年有职工 655 人，其中科研人员 354 人。

该所为国家机械工业部控制计算机实时软件开发中心和中国自动化仪表质量检测监督评定重庆分中心。1985 年，该所拥有固定资产原值 1600 万元；有仪器设备 1688 台（套），其中大型精密设备 40 台（套）；房屋建筑面积 4 万平方米。

从建所开始至 1985 年，取得科研成果 501 项，其中获部（局）级奖项 28 件，省市级奖项 8 件。

① 重庆工业自动化仪表研究所新址
② 重庆工业自动化仪表研究所新址

第58节 机械工业部第三设计研究院

机械工业部第三设计研究院于1965年成立于天津市，因全国三线建设之需要，迁来重庆市北碚歇马场，时为第八机械工业部第三设计院。1970年至1981年，先后改隶属于第一机械工业部和农业机械部，1982年启用"机械工业部第三设计研究院"这一名称。该院是一个多学科、多专业的综合性设计研究院。

办院初期，该院主要开展内燃机主机及配件附件工艺、检测设备，非标准化专业机械、自动化控制、炉子、环保

机械工业部第三设计研究院旧址

工程、土建公用设计，激光应用、自动测量、电控、可控气氛热处理，环境保护、节能技术试验的研究和设计。

1985年，全院拥有职工750人，其中专业技术人员447人；设有10个设计研究室，6个试验室，1个试验工厂，1个电子计算机站；建筑面积4万平方米；拥有各种仪器仪表277台，收藏有中外图书约30万册，编辑并发行全国的杂志2本——《内燃机制造技术》《中国内燃机》。

从建院至1985年底，共完成设计689项，被评为国际级成果奖2项，部、局级重大科研成果奖56项，省、市级重大科技奖17项。

① 机械工业部第三设计研究院旧宅
② 机械工业部第三设计研究院旧宅

第59节　襄渝铁路北碚段

襄渝铁路从湖北省襄樊市至重庆市巴南区铜罐驿，全长897千米。在北碚境内22千米，从代家沟入境至磨滩乡出境，横跨嘉陵江，设置有北碚、磨心坡两个火车站。北碚站为三等站，磨心坡站为四等站。两个站在1985年

有职工295人，当年的客运量为25万人次，货运量为50万吨。

襄渝铁路北碚段的嘉陵江大桥是重点控制工程，该桥桥长346.19米，共设3座孔。第1孔和第3孔各为96米，

襄渝铁路北碚段

第 2 孔为 144 米，下承连续铆合钢桁梁。两个桥墩各高 48 米，为钢筋混凝土空心墩，用液压滑动钢模板新工艺施工。基底岩多溶洞，采用梁式板状基础。

襄渝铁路 1967 年动工修建，1972 年 5 月通车，1975 年 10 月正式交付使用，为国家一级干线。设计通过能力为 35 对，运行速度 75 千米／小时，最高 90 千米／小时。1969 年，北碚成立了襄渝铁路修建指挥部，当时包括西南师范学院、西南农学院的大学生在内的各界群众，积极投入了这项对北碚经济发展影响巨大的交通建设工程。

① 襄渝铁路北碚段
② 襄渝铁路北碚段
③ 襄渝铁路北碚段
④ 襄渝铁路北碚段
⑤ 襄渝铁路北碚段
⑥ 襄渝铁路北碚段

第60节　嘉陵江朝阳吊桥

　　嘉陵江朝阳吊桥曾经是北碚区的地标建筑。

　　该桥位于嘉陵江北碚区毛背沱观音峡口下游200米处，桥跨嘉陵江，西端与渝南路48.11千米处相交，东端接北岳公路，桥长278.4米，桥面宽8.5米，两边人行道各宽0.75米。为双链组合开口箱架吊桥。3孔，中孔跨度196米，两端2孔各跨21.6米。

　　该桥的索塔高64.8米，桥面水位高212米，桥头两岸各有锚洞1个，锚链4束、拉力为1000吨的拉绳。拉

①

绳通过桥塔，用高压螺丝和拉链连接起来，将整个桥面悬吊于空中，气势宏伟，是我国当时最大的一座公路悬吊式桥梁。大桥负荷为汽车 20 吨级。

嘉陵江朝阳吊桥由交通部科学研究院重庆分院、重庆交通学院、重庆市桥梁工程处联合设计，于 1963 年 3 月会审定案。1963 年 10 月，主体工程由重庆市桥梁工程处开始施工，引道工程由重庆市政公司担任。1969 年 9 月 25 日竣工，共投资 301.06 万元，设计重型车队合重 22.54 吨的太脱拉 13B3 型车队以及汽 -20、拖 -80 均能通行。

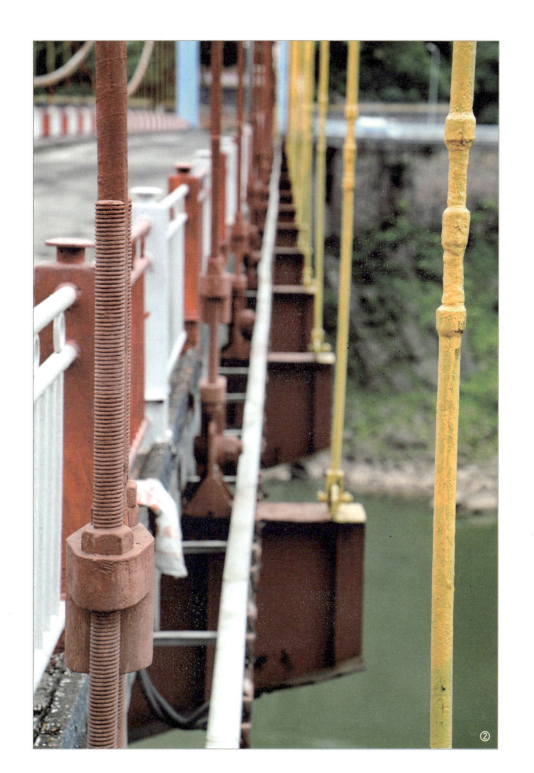

① 嘉陵江朝阳吊桥风情
② 嘉陵江朝阳吊桥细节